墨 兰 著

邢万军 主编

李煜
血泪凝成春水流

北方文艺出版社

图书在版编目（CIP）数据

李煜：血泪凝成春水流 / 墨兰著 . -- 哈尔滨：北方文艺出版社，2019.3

（走近诗词品人生 / 邢万军主编）

ISBN 978-7-5317-4383-5

Ⅰ.①李… Ⅱ.①墨… Ⅲ.①李煜（937-978）–传记②李煜（937-978）–宋词–诗歌研究 Ⅳ.
①K827=432 ②I207.23

中国版本图书馆CIP数据核字（2018）第255554号

李煜：血泪凝成春水流
Liyu Xuelei Ningcheng Chunshuiliu

作　者 / 墨　兰	主　编 / 邢万军
责任编辑 / 路　嵩　张贺然	封面设计 / 琥珀视觉
出版发行 / 北方文艺出版社	邮　编 / 150080
发行电话 / (0451) 85951921　85951915	经　销 / 新华书店
地　址 / 哈尔滨市南岗区林兴街3号	网　址 / www.bfwy.com
印　刷 / 三河市嵩川印刷有限公司	开　本 / 710mm×1000mm　1/16
字　数 / 180千	印　张 / 13.5
版　次 / 2019年3月第1版	印　次 / 2020年8月第3次印刷
书　号 / ISBN 978-7-5317-4383-5	定　价 / 36.00元

序

  一千多年前,汴梁的明月小楼,一个孤独的守望者,总是倚在长亭香榭处独自依栏凭眺,默默无语。

  传说,他生来就是一副帝王之相——重瞳、骈齿。

  传说,他生于七夕,而离世的那一天,上天也为他选在了七夕这一天。

  传说,他死状惨烈,身如弓状,指尖指着南国的方向。

  传说,他留下的最后词作,丝毫没有顾忌,吟唱出了自己的心声:"问君能有几多愁,恰似一江春水向东流。"

  属于他的,有太多的传说,而这些传说,好像在向人们诉说他那寂寞、哀怨的一生。

  这个人,就是拥有"词中之帝"称号的李煜。在我的心中,他是史上最具温情的皇帝。

  历史上说,他是一个面容俊秀的男子,虽然,也曾看过他的画像,但始终觉得,即使是最好的画师,也描摹不了他的神韵。

  当李煜还被人称作"从嘉"的时候,那是一段令神仙都羡慕的畅快日子,即使也有着宫廷本身的勾心斗角,但那时的从嘉,还是独善其身的一个人。

  帝位对于其他的人,也许是世间最大的诱惑,但之于从嘉,却根本算不得什么,他心中最想成为的,只是"一壶酒,一竿身"的畅快渔父而已。

  偏偏命运无奈,他做了南唐国主,这是个沉重的负担。接手南唐,最初他愿意为了治国竭尽全力，可是一个才华横溢的才子又岂会甘于被政治所束缚？只可惜他生于多事之秋，离乱之周，于是，最终，只能落得个"最是苍黄辞庙日，垂泪对宫娥"的结局。

"违命侯"这个封号，他不愿接受，却不能不接受，于是，开始了"终日以泪洗面"的日子。

与酒为伴，与梦相依，在午夜的梦境中，不知多少次，在梦中重回南唐，醒来，回味着南唐的一草一木，可这愁绪，哪里是他这单薄的身体能够承载得了的？只能空叹："故国不堪回首月明中。"

接过牵机毒药，也许，那个时刻，他已经明白了所有，但，生又何欢，死亦何苦？死亡对于李煜，也许是最好的解脱。

生死边缘，这一世的欢愉、痛苦、寂寞与悔恨，再一次在他脑海中重演，这一切，只是几秒钟的时间，我想，李煜最后一定是面带微笑离开的吧，但愿，下辈子，不要生在帝王之家。

目 录

第一章 人间没个安排处

垂泪对宫娥 / 003

快活如侬有几人 / 009

春来长是闲 / 014

离恨却如春草 / 020

昼雨如愁，百尺虾须上玉钩 / 026

回首恨依依 / 031

一片芳心千万绪 / 037

一声羌笛，惊起醉怡容 / 043

第二章 一曲清歌，暂引樱桃破

烂嚼红茸，笑向檀郎唾 / 051

别殿遥闻箫鼓奏 / 056

待踏马蹄清夜月 / 062

夜长人奈何 / 067

秦楼不见吹箫女 / 074

何处相思苦？纱窗醉梦中 / 080

愁恨年年长相似 / 083

莫教偏，和月和花，天教长少年 / 086

可奈情怀，欲睡朦胧入梦来 / 092

第三章　划袜步香阶，手提金缕鞋

奴为出来难，教君恣意怜 / 101

脸慢笑盈盈，相看无限情 / 107

眼色暗相钩，秋波横欲流 / 114

寻春须是先春早，看花莫待花枝老 / 119

第四章　故国梦重归，觉来双泪垂

算来一梦浮生 / 127

梦回芳草思依依 / 133

凭阑半日独无言 / 138

自是人生长恨，水长东 / 144

剪不断，理还乱，是离愁 / 150

无奈夜长人不寐 / 153

为谁和泪倚阑干 / 157

闲梦远，南国正芳春 / 162

闲梦远，南国正清秋 / 167

多少恨，昨夜梦魂中 / 172

心事莫将和泪滴 / 178

往事已成空，还如一梦中 / 185

往事只堪哀，对景难排 / 191

梦里不知身是客，一晌贪欢 / 197

问君能有几多愁，恰似一江春水向东流 / 201

后　记 / 205

第一章

人间没个安排处

垂泪对宫娥

破阵子

四十年来家国，三千里地山河。凤阁龙楼连霄汉，玉树琼枝作烟萝，几曾识干戈。

一旦归为臣虏，沈腰潘鬓消磨。最是仓皇辞庙日，教坊犹奏别离歌，垂泪对宫娥。

对于李煜来说，作为一个万人敬仰的文坛才子皇帝，不知道是他的幸运，还是他的不幸，先后拥有了两位知心爱人，还有一个众人觊觎的皇帝宝座。我想，这在常人的眼中，是李煜上辈子修来的福分，如花美眷，似水流年。如果此等美事，放在其他任何一个人的身上，想必做梦都会笑着醒来吧。

可是，尊贵的身份，又或许是李煜人生中最大的不幸，身在乱世，随风飘摇，虽生在帝王之家，但没有感到丝毫的幸福，李煜的心中，更多的是恨。对于他的身份，他恨，对于一朝国破，他恨，对于半生沉沦，他的心中还是充满了恨。在国破家亡的那一刻，这种刻骨铭心的恨，在李煜的心中已经变得模糊不清，绝望、伤心、后悔、无措，种种复杂的感情把李煜折磨得不成样子。

在亡国后，李煜肉袒而降，李煜当时的心情，我们现在无法知晓，却也无从知晓了。可能，他心中最多的莫过于灰心。有人说，可怕的是"焚心化灰"，而更可怕的，想必是"哀莫大于心死"。

当历史的车轮无情地碾过时间的跑道，李煜的鬓角斑白如雪之际，虽然淡了、倦了的，只有记忆。可是，在李煜的记忆深处，一定隐藏着当日的亡国之痛。

想来，我也是一个多情的人，虽然不多才，却也喜欢在漫漫长夜里，最好空中还悬着皎皎明月，体会来自李煜心中最无奈的呻吟。也许，在亡国后的很多个夜晚，李煜也是在这样的环境中回想当时的情境。

亡国，对于李煜这样一个书生气十足的帝王来说，是他的错吗？我想，懂得李煜的人，一定会毫不犹豫地说"不"，公正地说，作为一代帝王，李煜并不称职，可能就是因为这个原因，在很多史书当中，写满了历史学家对李煜的不屑和轻视。

文坛之人，可以读尽他的无奈和苍凉，而政坛之人提起李煜，更多冠以"亡国之君"的称号，我觉得，"亡国之君"，未免显得冷冰冰，不近人情，这是对李煜最大的蔑视。

"四十年来家国，三千里地山河，凤阁龙楼连霄汉，玉树琼枝作烟萝，几曾识干戈"，如此温柔富贵的生活中，怎么能够认识到人生的沧桑最是世间的险恶呢？关于政治的冷酷与无情，又怎么会知道呢？李煜，这样一个温柔而多情的人，想必生来就是一位绝代的才人，可是，命运是残酷的，对于李煜来说更甚，它不会轻易放过对李煜的摧残，当国破家亡时，命运才不理会他是否仓皇无措。不知李煜回忆起昔日给他美好回忆和富庶生活的家园，是否会垂泪到天明？

李煜虽然不是一位称职的皇帝，但是，在一朝城破那个荒凉的时刻，我想，他所考虑的一定不是自己，而是城中的百姓。

北宋大兵压境之际，陈乔哭着说："自古以来，亡国之君没有一个得到善终的。如果投降，只不过是自取其辱罢了，还不如背城一战，为江山社稷而死，岂不快哉？"

听到此话，李煜叹了口气："江南气数已尽，不要做无谓的抵抗，金陵的人民久经战事，朕实在不忍心让他们死得惨烈，千万不要鲁莽！"

陈乔思忖片刻："臣请将臣之头斩下来送给北宋，就说江南拒命都是臣出谋划策，这样方可减少国主的过错。"

听到陈乔的话，李煜痛哭失声："卿为国尽忠，虽然朕昏庸无能，但也不能杀忠臣做投靠之礼，莫不如卿和朕一同归降，何如？"

陈乔坚决地摇了摇头："既然亡国之事不可挽回，我也没有苟活的心思，吾意已决，请国主珍重，恕臣不能陪伴左右了。"说完，陈乔再拜而去。李煜听到此话，刚要挽留，可是，见到的只是陈乔决绝的背影，李煜伸出去的手落下了，眼中已无泪。

前些日子，看了一部名叫《大兵小将》的电影，影片中，卫国的太子即位之后，立即做出一个决定——投降。他本不是贪生怕死之人，但是，无奈敌我实力悬殊，全国的百姓全都倚仗他，左思右想之后，投降，是最好的办法。果真，投降之后，举国上下，百姓的命保住了，虽然遭受了骂名，但是，这又算什么呢？

也许李煜当时心中所想，也和这位了不起的太子一样，城中的百姓是他不得不考虑的因素，因此，只得选择投降。

"一旦归为臣虏，沈腰潘鬓消磨。最是仓皇辞庙日，教坊犹奏别离歌，垂泪对宫娥。"

"沈腰潘鬓"中的"沈"说的是沈约，此人从少年时期起就对读书有很大的兴趣，不仅白天读书，晚上也一定会抽出很多时间来温习。沈约的母亲担心他身体吃不消，于是常常减少他的灯油，早早地撤去取暖用的火炉，可是，这并没有让沈约停下学习的脚步。青年时期，沈约就已经博览群书，经过多年努力写成了一部《宋书》。而"潘"指的是西晋的潘岳。可是，"沈腰潘鬓"所代表的毕竟只是一时的痛楚，也只是身体上的，而李煜的痛呢？是一辈子的，甚至可以说承载了他生生世世的悲凉。"亡国之君"的这顶帽子让李煜愧对南唐的列祖列宗。这是何等不幸的一生，可对后人来说，却也是幸运的。

李煜，用他充满痛苦和耻辱的一生，成就了在文坛上的名气，李煜是伟大的，基于这一点，让我们暂时放下政治纠葛中的纷纷扰扰，走近他。

就像某些人说的那样，如果南唐未亡，李煜只能算是一位比较优秀的"花间词派"的词人，而不能成为震古烁今的"千古词帝"。如果命运能被凡人所左右的话，我想，李煜更愿意成为一位吟颂风花雪月的文人吧。在平淡的人生中，逍遥地活着，也是一种幸运。

月如钩，清冷的风中，李煜想着白天发生的事情，心一阵一阵地揪痛着，侵入心房。冷月，是李煜一生心事最好的写照，曾经，他过着安逸富庶的生活，南唐，约四十年的国家基业，国土辽阔，这所有美好，轻而易举地毁在了"几曾识干戈"的李煜手中，不知道珍惜，这是沦为臣虏的原因。

世人提起李煜，一般都不拿《破阵子》这样颇有些金戈铁马气势的词开篇，更多的是李煜早年写过的莺莺娇软、燕燕温柔之类的词。

一提到《破阵子》，很多人都会想到辛弃疾的那首驰骋壮志、抒写悲愤的《破阵子》。

醉里挑灯看剑，梦回吹角连营。八百里分麾下炙，五十弦翻塞外声。沙场秋点兵。
马作的卢飞快，弓如霹雳弦惊。了却君王天下事，赢得生前身后名。可怜白发生。

辛翁将自己的爱国之心与报国无门的愤懑，都熔铸在了这首神采飞扬、抑扬顿挫的词中，每当读这首词，都会感到整个人都振奋起来了，恨不得穿上一身戎装，肆意驰骋在战场上。

不说词的内容，单看《破阵子》这一词牌，就感觉异常振奋人心。

想那最初，《破阵子》为教坊的名曲，是李世民为秦王时所作。当时要演奏此曲，需要两千人之多，所有演员身穿衣甲，手拿旗帜随乐曲而舞动，现在在脑海中凭空一想，便感叹这场面之壮观。有人说，《秦王破阵乐》是一部货真价实的交响音乐剧，此剧聚合四方。当两千人共同击打大鼓，那气势一定盖过当今的交响乐。

此曲气势如虹、流芳百世，甚至影响到了南唐建国之初，李煜的祖父以"唐"为国号，自认为是李唐王室的正宗子嗣，或多或少，也是非常追念当初那个万方来朝的盛世吧。

在写作之初，开始头疼该从哪里入手，觉得不应该以《破阵子》这首词为开篇，这首充满了金戈铁马气势的词，对于习惯了李煜的温柔娇软的我而言，想想就有些别扭，可是，在仔细品读这首词后，却推翻了此前的见解，"四十年来家国，三千里地山河"，似乎没有比这更为妥帖的开篇了。这词，带着我们穿越历史，来到飘摇的五代十国，感受江南暮春的遍地落红，这注定是一场让人的感情百转千回的致命邂逅。

每当我读这首词的时候，心中总会有一种刻骨铭心的伤痛，就好像自己已经成为了这一历史的见证人。心中有一疑问：哪怕是李煜自己，想必也是习惯了江南的繁华，为何偏偏选择《破阵子》这一词牌名？要知道，这可是充满杀戮之音的词牌。

而且，在李煜的内心深处，昔日的锦衣玉食，窈窕动人的后宫佳丽，破败的故国山河，真的让他念念不忘吗？

无法面对国破家亡，这无可非议，而对着宫娥的垂泪，似乎有些说不通，后世，人们读了这首词，纷纷感叹李煜是一个扶不起的阿斗。

有此疑问的，并非我一人，也不是两三个，绝大多数的读者给李煜送上了"亡国之君"的称号。

李煜真的是人们所想的那种无能之辈吗？当后世的宋真宗就此询问潘慎修的时候，他这样回答："若他真是无能之辈，又如何守国十余年？"

的确，五代十国，走马观花似的朝代更迭，一个江南小国，竟能够拥有近四十年的繁华，即便北宋大兵压境，还能够坚强地支撑一年多，这完全可以为李煜正名，想到这里，心中甚是安慰。

有道是，天下大势，分久必合，合久必分。李煜错在生于一个飘摇的年代，这不是他所能掌控的，也是世间任何人所不能掌控的事情。人说，乱世出英雄，而五代十国，足可以称得上是一个英雄的时代。每当舌尖回荡着"乱世"这一词语的时候，心中不知衍生出了多少的无奈与凄凉，就像孑然一身的天涯倦客，当他看到满目的野草，最好能配上黄昏、乌鸦应应景。我想，这才是一个乱世英雄内心的最佳写照。

对于李煜而言，他的心就像一场乱世。

快活如侬有几人

渔父（其一）

浪花有意千里雪，桃花无言一队春。
一壶酒，一竿身，快活如侬有几人。

好一个隔世的渔父，若真能如此，一壶酒，一竿身，那便真的是这世界上最惬意的仙隐之士。

"隐士"这词，从哪一个方面、哪一个角度看，似乎都和李煜扯不上一点儿关系，高高在上的国主，抑或是登基前身为有地位显赫的皇子，无论如何都是当时的公众人物，想"隐"而一定不能"隐"。

但是，李煜却着实地做了一回隐士。当他还是皇子的时候，源源不断地感受到来自兄长弘冀，即当时太子的特别"关注"，李煜采取了退让和逃避的对策。究竟能逃到哪里呢？能真正摆脱世俗的困扰吗？李煜一头扎进了书堆里，和古今的书籍成为挚友。这不能不说是一件奇事，由于现实的原因，又把李煜和宫廷斗争隔离开来，远离皇宫，于是他优哉游哉地过起了"隐士"般的生活。

在历史的长河中，不乏有些与之类似的"隐士"，自然，李煜也不是"隐士一族"的创始人。

人们说起隐士，便有种超脱尘世之感，而反观自己，绝对是一个沉浸在世俗中的人，因此，对于"隐士"一族，也有了一些羡慕的感觉。

　　鲁迅先生曾说，陶渊明是我们中国赫赫有名的大隐。而我对此话，有些自己的看法。陶渊明二十岁就已经出仕，此后的很多年里，此翁时而出仕，时而归隐，做的都是小官小吏，陶翁最后一次出仕是在彭泽县担任县令。我想，也许是县令这等的小官入不得陶翁的法眼，卸任后就此归隐田园，这样一看，陶翁被冠以"大隐"这一称号似乎有些不妥。

　　到了老年还在做官，这似乎不是隐士的做法。我想，陶翁之所以被冠以"大隐"的称号，不能不说他老人家所作的《归去来兮辞》太有名了。

　　历史上还有一位有名的隐士，他的经历更有趣，此人名叫林逋。这位林先生倒是与陶渊明有些不同，他从未有过出仕的经历，平日里只是在杭州的孤山上种种梅花、养养鹤，生活过得相当滋润，揽清风赏明月，想必是常事。坐看庭前花开花落，嗅一嗅黄昏时分浮动的暗香，真真羡煞旁人。

　　可惜了，这位林先生似乎找错了归隐的地方，杭州，无论是在历史的哪个朝代，都不是归隐的好地方。"暖风熏得游人醉"，也许这位林先生要的就是世人关注的眼光吧。后来，随着名声越来越大，就连当时的皇帝都对他有所耳闻，在他死后，竟然也得了个"和靖先生"的雅称。我想，但凡一个诚心归隐的人，都不会选择如此轰动的归隐。

　　在我的心中，陶翁和林先生的归隐都算不得真正意义上的归隐。诚然，无论是"采菊东篱下，悠然见南山"的惬意，还是"待到重阳日，还来就菊花"的期待，我想，都比不上李煜的"一壶酒，一竿身，快活如侬有几人"的自在，更不用说"万顷波中得自由"的畅快了，这是何等快乐之事，淋漓尽致，让人心生羡慕。

　　虽然，李煜的归隐有些"被强迫"的味道，但可贵的是，在此之余，他竟也找到了自由的感觉。这算是命运赐予他的意外惊喜，回到了文学艺术的世界里，这对他来说，不仅是一个逃避现实的避难所，更是一个无边无际的精神家园。李煜无时无刻不在向世人宣告他做隐士的决心，李煜早期的词作中，署名"钟隐、钟山隐士、莲峰居士、钟峰隐者、钟峰白莲居士"等雅号，是最好的证明。

世人只要一提起李煜的词，可能会想到他的《虞美人》和《浪淘沙》等哀婉凄绝的词，脑海中闪现更多的则是他凭栏远望故国的凄苦身影，虽然梦里重归故里，但眺望家园的仍是孤独的身影。可是，李煜的这首《渔父》，却十分与众不同，李煜强烈的归隐思想横空出世，值得玩味。

渔父（其二）

一棹春风一叶舟，一纶茧缕一轻钩。
花满渚，酒满瓯，万顷波中得自由。

在很多人的心中，最珍贵的可能是追求一生但无法得到的东西，在李煜的心中，是多么向往渔父那种自由自在、快乐逍遥的生活啊！

在《渔父（其一）》中，世外桃源，浪花，如翻滚的雪花，一望无际的万里碧波，境界是如此之广阔，就像散发出沁人心脾的桃花、梨花，排成排，竞相开放，让人心中充满了无法言说的幸福与安逸。

他，生在帝王之家，并不缺少安逸的生活，可是，此等美景的衬托下，安逸又是另外一番滋味，怎一个醉人了得！此时，才觉得语言的贫乏，不能用更多的语言来形容此等美景，着实遗憾。

"浪花翻滚"本是无意，此处用"无言"衬托，让读了这首词的人只能感叹世事的无奈。

此时，如果眼前能有一壶酒，再加上春风和扁舟的衬托。我想，我情愿就这样陶醉在烟波浩渺中，尽享江月的婉转风情。

有人说，只有现实让人无奈绝望，人才能退身以求宁静。一根鱼竿，一壶清酒，万顷烟波中自在垂钓，此等生活固然很好，花与酒的世界也能带来歌舞升平的快意。李煜此人，充满了忧郁的气质，虽然对于归隐生活心生向往，但是，他断不能撇开皇家贵族血液赋予他的彷徨。

《渔父》二首，虽然浅显易懂，但是我从中却读出了一番特别的意境，也有了一些自己的想法。世间的一切，万不可拘泥于形式，因此，归隐，我觉得大可不必应景式寻找一座名山大川，抑或是清幽居所。如诚心归隐，即使身处闹市之中，仍可以让神思飘于宇宙之间，自然，心情也会畅快无限。不被俗世中的一切困扰，或许，这才是真正的隐士所追求的终极目标。

显然，中国古代绝大多数的隐士是做不到这一点的。大隐者，可谓隐心而不隐身，求之于山林，更求之于内心。

李煜就是这样一个堪称大隐的人，读他的这两首《渔父》，细细咀嚼，满口沁香。可是，现实的残酷，让人不忍目睹，李煜始终不能成为渔舟钓叟。现实一点儿说，这两首词也只能算是一个无奈之人的美梦吧。

在人生的漫漫长路中，转弯最重要，也许，李煜登上王位，这是命中注定的转弯。虽然人生无奈居多，但是这也成就了历史上的"千古词帝"李煜。

人们每当提到这两首《渔父》的时候，都会想起唐代诗人张志和的另一首《渔父》：

西塞山前白鹭飞，桃花流水鳜鱼肥。青箬笠，绿蓑衣，斜风细雨不须归。

在这首词中我们看到了一位"每垂钓不设饵"，志不在钓鱼的"江波钓徒"。

本是去钓鱼，但是整个心思却不在这儿，在哪里呢？张志和用他的词告诉我们：在于山水之间也！

在当时，这首词十分流行，我想，可以上当时的"十大金曲排行榜"吧。从此以后，隐士们有了属于自己的词牌——《渔父》。

李煜选择"渔父"作为词牌名，一定是想向世人诉说自己的理想。身份的显赫，让他不能做渔父，即使偶尔泛舟小酌，手里拿的酒壶也一定价格不菲。这应该是李煜的无奈吧，虽然意在从现实中解脱，追求"万顷波中得自由"的悠闲。但是，李煜知道，和谐的只是表象，在平静的水流下面也许隐藏着波涛汹涌的激流，平静的小船随时会被掀翻，这种梦想中的生活也随即被打破。

　　李煜，如此心思敏捷的人，怎会不知道现实的残酷，也许他就是希望用想象当中的美好，来暂时填补充满了无奈的现实。现实是残酷的，无论是对谁，可是，谁又能有办法与之抗衡呢？无奈一笑，算是自嘲吧！罢了，罢了！

春来长是闲

  在我的心中，除却"恰似一江春水向东流"这种痛彻心扉的哀愁，李煜也经常抒发一些伤春悲秋的哀愁。读他的词多了、久了，眼前仿佛出现李煜的形象，他的眉头总是得不到舒展，似乎每一次季节轮转、日月交替都能感觉其中的哀怨与忧愁。

  心中甚是喜欢李煜，容不得别人对他有丝毫不好的评价，觉得此人就是知己，对我来说，虽然与其在时间和空间上有着绝对的距离。但是，在内心深处，对于他的哀愁，我是感同身受的。也许，这样说有些自大，可这忧愁的人，有谁能够想到，给予我的，有多少情感上的共鸣。

  虽然自己并没有他那样大起大落的人生经历，也没有亲身经历过国破家亡、身为俘虏的悲惨遭遇，很久之前，自从我知道有这样一个人以来，对其关注的眼光从未停过。

  也许平淡的日子过得太久了，内心深处渴望人生抑或是命运有一些波澜，我想，即使命运悲惨，也不枉在世上走一遭。

  诸如此类的想法，也许像我这样的凡人或多或少都有过的吧，有时，在寂静的夜晚，也煞有介事地"独倚阑"，刻意留下残存的晚妆，体会一下李煜词中"春来长是闲"的悠长意境。

刻意去模仿，得到的只能是贻笑大方，还是洗净残妆，泡上一杯咖啡，在咖啡袅袅的热气中，沉静一刻，算是对李煜的一种追思吧。

每当读李煜的《阮郎归》时，想象着他竟然也以怨妇自居，写出这种阴柔婉转的词，很多时候，独自在床上辗转反侧，便咀嚼这首词。

东风吹水日衔山，春来长是闲。落花狼藉酒阑珊，笙歌醉梦间。
春睡觉，晚妆残，无人整翠鬟。留连光景惜朱颜，黄昏独倚阑。
——《阮郎归·呈郑王十二弟》

风吹水，日衔山，这本是日日都能观察到但经常被忽略的景象。画面中的这位女子，用她哀怨的眼神，盯在了"闲"字上。夕阳映山，傍晚时分，落花满地，酒意阑珊，是偶尔为之吗？我想，显然不是，既然"春来长是闲"，想必这是女子每天都要重复的生活。人生，如果只能是简单而机械的重复，又有哪一个人不会觉得无聊呢？性格豪迈一点儿的，可能会喝着酒，吟唱"对酒当歌，人生几何？"而那些敏感多思的，则会以泪和歌，感叹"对酒当歌歌不成"的苦楚了吧！醉生梦死又是谁真正想要的呢？只能不得已而为之。

"春睡觉"，实则为伤春之叹，是这个在春闺中醉生梦死的人儿，懒得动，懒得理已经残了的晚妆。人都说"女为悦己者容"，既然身边没有"悦己"之人，青春逝去，无人欣赏，心中竟然也有了哀怨，期待良人的出现。谁都知道，青春美好，但是不要忘记，青春易逝，即使心中万分不舍，青春终归也要逝去的。此等现实的影响之下，心中怎么不惆怅？怎么不无奈？对于每一个貌美的女子来说，又怎会甘心呢？

残酷的现实如同一盆冷水，让醉生梦死的我们知道，美好的东西易逝，可是，无论是谁，都不能逃脱这宿命的安排。

闺怨诗，说来有趣，本是抒写少女怀春、女子思念情人、民间弃妇等感情的词，可绝大多数都是出自男词人之手，最为出名的要数王昌龄的《闺怨》：

> 闺中少妇不曾愁，春日凝妆上翠楼。忽见陌头杨柳色，悔教夫婿觅封侯。

这是一首典型的闺怨诗，作者王昌龄有着"诗中天子"的美称。闺中少妇不谙世事，无忧无虑，身为富贵人家的女儿，自然不会为生活琐事所烦恼。可是，世上的人儿哪一个没有烦恼呢？即使是花了一番工夫"凝妆"的此女子，亦是如此。

既然是闺怨诗，王昌龄为何写这样一位无须为温饱烦恼的人儿呢？是他一时笔误吗？显然不是。原来，春日里，凝妆的少妇上翠楼远眺，本是一件轻松的事情，可是，却在这一件小事上出了纰漏：游目远眺，杨柳凄凄，去年的今日，我是世界上最幸福的人，成为你的妻子，可是，在一起的日子总是短暂，良人为了证明自己并非无能之人，折柳雁离。今夕，夫妻二人相隔千里。

我想，这位本不知愁的深闺少妇，一定对良人的心系功名痛悔不已，"悔教夫婿觅封侯"，这其中的悔又怎是文字能够表达出来的呢。感伤美丽的春景，浅白、哀怨却不愤怒的语句，把此女子细腻的感情描写得淋漓尽致。

在我的印象中，闺怨诗似乎总和女子的哀怨纠缠不清。"美人卷珠帘，深坐颦蛾眉。但见泪痕湿，不知心恨谁。"这首是我印象最深的闺怨诗，每当心中有无限的悲伤，抑或是被情所困，总会想到这首诗，心中怨恨那个让自己"泪痕湿"的人。此时觉得自己就是诗人所描写的那个心中充满了愁怨的人儿，颇有些自怜，无法自拔。

可是，李煜毕竟不是一位女子，他的爱情有两段，有大小周后二位女子的相伴。如果我是一位男子，一定会羡慕他的齐人之福。两段美好的爱情，似乎不能让李煜心生怨恨，更多的是充满了美好的回忆。那为何李煜会发出如深闺怨妇般哀怨的感叹呢？

绝大多数的闺怨诗皆出自男性词人之手，这绝非偶然。"樱桃樊素口，杨柳小蛮腰"，此句出自白居易，写的是他的歌伎樊素与小蛮。诸如此类，举不胜举，其实原因很简单，古代的男子占社会的主导地位，烟花之地，就是为其所开发，更不用说各大风流才子。像白居易等人都与舞伎、歌伎交往甚密，而这些沦落风尘的女子，带着世人所不齿的悲哀，无处倾诉自己的哀愁，每次与这些文人交谈之后，她们的心事一经文人略加润色，继而成为了词，这也算是封建社会的一种社会风尚。

对于闺怨诗，除了李煜的这首，我还喜欢李白的《玉阶怨》：

玉阶生白露，夜久侵罗袜。
却下水精帘，玲珑望秋月。

虽然名字带有"怨"字，但是，全诗却不见一个"怨"字，这一点是我颇为喜欢的地方。一个深闺女子独立玉阶，无言，罗袜何时被冰凉的露水浸湿了，已经不得而知。在这样一个夜色浓郁的夜晚，久久地伫立在玉阶上，无言，却胜似有言。此时，终究是月怜人，还是人怜月，已经说不清道不明，但是，心中却觉得有无限的语言。虽然只是单纯地望月，正因为如此，即使整首诗毫无"怨"言，却也更显得怨之深。

历史上诸如此类的闺怨诗举不胜举，虽然有很多精彩的诗词，但心中还是最喜欢李煜的这首《阮郎归》。仔细琢磨一番，才觉得，这首词并不寻常，李煜也并非如前面我所怀疑的感情出了问题，而是有另外一番意思。

从头说起。"阮郎归"，又名醉桃园，相传"刘晨、阮肇二人共入天台山，在西边遇到两个仙女，结为夫妻。半年后出山回家，'亲旧零落，邑屋改异，无复相识。问得七世孙，传闻上世入山，迷不得归'"。

这个传说，可以看出人们对于安定幸福生活的渴望和追求，李煜以此为题，想必，这首词表达的并非简单的闺怨，抑或如前面所猜测的那般。其实，在词牌后，李煜就已经表明了作这首词的目的——呈郑王十二弟。

这是十一月的一天，寒风瑟瑟，寒风中夹杂着雨丝，这使得离别的场面，更显萧瑟、悲凉。

"皇兄，请你放心，臣弟一定能够顺利完成使命，也请皇兄多多珍重。"说完，李煜的十二弟从善站起身，举起酒杯，一饮而尽。此时的豪言壮语，在离别之际，颇有些壮士一去的悲壮。

放下酒杯，从善向送行的其他人抱拳："诸位，请回吧，静待我的佳音。"

李煜摇了摇头，坚持要看从善上船。李从善再拜，毅然转过身去，朝着码头走去。

伴随着送别的乐曲，在寒风细雨中，从善的船渐渐走远。李煜充满了无奈，从善此行，是去向宋朝进贡的。南唐小国偏安江南，坐视宋太祖先后灭掉了后蜀和南汉，深恐宋太祖大兵压境的李煜只能主动臣服，以求自保。

从善带去的还有李煜的一封表书。李煜向赵匡胤上表，希望去掉国号，把"唐国主"改为"江南国主"，相对地，"唐国印"也改为"江南国主印"。这预示着，从此之后，如果赵匡胤想会见李煜的话，就可以毫无顾忌地直呼李煜的名字了。

真是讽刺啊，李煜心中充满了无奈的感觉，当父亲还在位的时候，南唐皇帝就已经降为"南唐国主"，而到了自己这里，又一再地退让，何时是个终结呢？李煜的心中有一种不好的预感，对于赵匡胤的一步步紧逼，退让不是长久之计，这种对策无疑是在与虎谋皮。对于宋太祖这样一个意图统一四海、建立霸业的人来说，他的退让，得到的也只是对方的轻视。南唐灭亡，只是时间早晚的事情，这虽然残酷，但是李煜心里明白，这也是事实。

恨啊、苦啊、愁啊，此等思绪又算得了什么呢？想必此时，李煜心里已经顾不上这些，他所想的，应该是，没有了"唐"的国号，自己又算什么呢？

不尴不尬的境地，这是李煜最不能接受的，但是，他又不能不接受。一个皇帝最忌讳的事情，恐怕就是四海之内强敌欲犯吧，想想都如坐针毡，不得安眠。

回去的路上，李煜心中苦涩万分，更让他羞愧的是，当皇家仪仗在夹道上徐徐前行的时候，闻讯赶来的百姓发出了阵阵的欢呼。我想，此刻李煜心中的五味杂陈中，最多的应该是惭愧吧。

人们常说，小不忍，则乱大谋。可李煜的臣服，得到的只是宋太祖表面的宽容。赵匡胤同意李煜的请求，但是拒绝让从善回国，虽然封给从善一个奉宁军节度使的官职，也在京师赐予从善一座府邸，从善想要回到南唐，是不可能的了。

从善归期未知，自己把弟弟送给了赵匡胤当人质，寄人篱下的日子怎会好过。李煜一想到离别那天的寒风细雨，自己的心，碎了。

离恨却如春草

古往今来，要数离别最使人愁，即使对于古诗词不太感兴趣的人，想必也能吟出那么一两首，抑或说出一两个善长写离愁的诗人。其中，我印象最深刻的一首词要数有着"秋思之祖"之称的《天净沙·秋思》：

枯藤老树昏鸦，小桥流水人家，古道西风瘦马。夕阳西下，断肠人在天涯。

仅仅二十八个字，描绘的也是再平常不过的事物，情由景生，景寓情中，发出离而思，思即悲，悲生泣，泣则痛的感叹。

秋，往往会让人悲伤，在悲伤之余，泪涟涟，人道是，青山遮不住悲秋，而秋悲，则易让人感受到九曲回肠式的心碎，想想都会让人叹气，陷在悲伤的境地无法自拔。

平日里，不会去探寻像秋愁这样的思绪，其实，不是"不会"，而是刻意地躲避。即使如此，秋愁带给我的是含蓄无限的意深，更是心驰物外的调高，寻常情景的水乳交融，相辅相成。

自古以来，无数的词人"悲秋"为何因？仅仅是单纯搞点儿小情调吗？

秋天，尤其是深秋，昼短夜长，万物凋零，自然环境的肃杀景物，再加上绵绵的秋雨，阴郁的天气，会给人一种凄凉和伤感。

人是有感情的动物，最擅长的是把客观的景物赋予人的感情，尤其是女人很容易多愁善感，对于外界环境变化比较敏感，更容易触景生情。可这词人李煜是一个堂堂男儿，又逢万物生发的春季，却书写出如此细腻的愁情，却是为何事何人呢？

> 别来春半，触目柔肠断。砌下落梅如雪乱，拂了一身还满。
> 雁来音信无凭，路遥归梦难成。离恨恰如春草，更行更远还生。
> ——《清平乐》

不过细细想来，此章的开篇，并非跑题，只是为了说明，自古以来的悲秋情节，没有那么复杂，在这里，也不必用科学的角度来解释其中的"奥秘"。我觉得，最直接的解释，就是其中寄予了人类丰富的感情。这样说来，秋天，就并不是"愁"的最佳代言人，自然界中的任何事物都可以为之。何况，李煜这个被上天赋予愁思的人。

春天，万物复苏的季节，春意盎然，想来都是阳光明媚，为什么会让人一看到，即产生"断肠"之感呢？所有一切，皆因"别"而起，是分别，让生机勃发的春天，竟然也带有了浓郁的惆怅，让人断了愁肠。

也是因为"别"，那如雪的梅花，此种美丽别致的景色，使得人心乱。这乱，不同于花乱，花乱可以拂去，而心乱又怎能拂去？大有"借酒消愁愁更愁"的意境。也许，此时的李煜手中端着酒杯，就着一壶清酒，欣赏这春天的花，原本是人生的一大快事，不胜悠哉。可是，就是因为"别"，让这悠哉的意境充满了苦涩。清酒入口，淡薄无味，心中自是一片荒凉。

远处飞来的大雁，惹了他的眼光。大雁并没有缓解心中的苦楚，反而让这苦楚来得更猛烈些，为何？

古有鸿雁传书，但是，雁虽归，且每年的归期固定，可远方的人儿呢？何时能回到自己的身边？这怎能不让人更加伤感。

遥远的路途，遥遥的归期，想想就让人伤感。人说，这世上，悲欢离合难以掌控，真的没有能遂了世人心愿的事吗？哪怕只有一件也好，也能稍稍抚平词人千疮百孔的心啊。造化弄人，不知是古时的哪一个人创造的这个词语，听来就让人揪心。

归来的大雁增加了词人的伤感，而路途的遥远，更让词人心中仅剩的最后一丝希望也成了泡影，即使是做梦，也成了一种奢求。此时，无路可走的人儿，你到底在想些什么？是在怨恨上天的不公平，还是在感叹自身的悲戚？

离别的愁绪如影随形，时刻侵袭着他。正如他在《乌啼夜》中所说："剪不断，理还乱，是离愁。别有一番滋味，在心头。"让人感叹，李煜心中的离愁，又是怎样的一番滋味，绵绵的离愁，如同春草一样，无穷无尽，无法斩断，惆怅、迷蒙，意味深长，在他荒芜的心境里，肆意疯长。

这首《清平乐》，虽并非是他人生美好的时节所作，却也不是大起大落之时所写。其中的清新淡雅，入目三分，以"清水出芙蓉，天然去雕饰"来形容他的词，并不为过。此中，字字写物，句句写景，可是，即使旁人不去评说，我也知道，这首充满了离愁的《清平乐》，句句都是在写人，思念的人，因为归期不定，甚至可以说是无法回来，给离愁又填了一份沉重。其实，当初送别从善，李煜的心中早有了最坏的打算，可是，人都是这样，愿意相信自己所相信的，在自我催眠之下，生生地盼着心中的人儿归来，即使归期未定，心中也为那个人留了一个位置，随时随地盼望着，盼望着，在思念的痛里，站成一个等待的姿势。

李煜是一个寄情于景的高手，这篇《清平乐》用春草来表现愁绪，深深地影响了很多人。被他影响最直接的要数贺铸——若问闲情都几许。一川烟草，满城风絮。梅子黄时雨。

黄庭坚在《清平乐》中写道：

春归何处。寂寞无行路。若有人知春去处。唤取归来同住。

春无踪迹谁知。除非问取黄鹂。百啭无人能解，因风飞过蔷薇。

这首春之短歌，格调清新，没有落花流水等春之景象，更没有悼红惜绿的伤春情怀，只是由问春，到寻春，跃然纸上的是满满的徘徊寂寞、希冀春景常驻的衷肠。由于寻春，词人把眼光放到了黄鹂的身上，希望能通过这个春天的使者，找到春天的踪迹，可是，即使词人问之，但，怎么与鸟儿沟通？因此，寻春注定失败，成为了泡影。结局让人无奈，可是，随着寻春的失败，美丽的黄鹂鸟也振翅离去，这又在词人的心头添上一道伤疤。春景消失不见，此时，蔷薇依然袅袅开放，一腔芳菲之思，只能随着春景的消失而不知所踪，这真让人悲伤。

春景，就像一位窈窕的淑女，让人不禁寤寐求之。可是，世间无圆满之事，当求之不得之际，也只能寤寐思服，优哉游哉，辗转反侧。

在求之不得的辗转反侧中，李煜面对着绵绵无尽、远接天涯、无处不生的春草，当真一个愁恨齐涌。

离愁别恨，本是无形之物，不可名状，可春草的婉转延伸，让愁思更显绵长。

李煜就是这样，在他的笔下，任何寻常的景物都会让他赋予新的生命。今人唐圭璋评说李煜的这首词："即景生情，妙在无一字一句之雕琢，纯是自然流露，丰神秀绝。"

俞平伯亦评曰："以短句一波三折，句法之变化，直与春草之韵味姿态融成一片，外体物情，内抒心象，启独妙肖，谓之入神可也。"

李煜的作品是对得起这样的评价，他的所有词作，皆是真挚感情的自然流露，而真的东西，往往都是富有感染力的。有多少个夜晚，手捧着李煜的诗词无法入睡，总是在心中揣摩他到底是怎样的一个人，性情如何，更重要的是，希望能透过他的作品参与他的人生。即使我知道，就算有穿越时空这样奇幻的事情发生，可是，大自然是有其自己的规律的，无法改变历史，但如果真有这样的机会，我愿意陪着李煜走一段人生的坎坷路。

对于从善的离去，李煜心中遍是由于手足离散而产生的痛苦与伤心。在重阳节的前夕，李煜婉言拒绝了臣子的邀请，他把对从善的思念写成了一首怀亲赋。

昔日兄弟尽享生活的乐事，在遨游中畅快豪饮，这是多么快意的事情。可是，现在的兄弟俩，已然天各一方，对从善的牵挂，李煜从没有放下，想必，远在他乡的从善，心之所系的，同样是故国家人。

时间过得很快，李煜在愁苦中度过了一个多事之秋。虽然春天已经到来，春草漫漫，晴空万里，暖暖的春光，本应让人心中舒畅，当李煜信步在阶前庭院之际，心中本无半点儿欣喜，他又牵挂起远方的从善来。

"卧榻之侧岂容他人鼾睡"，这是赵匡胤早就放出的狠话，即使李煜一再退让，也更改不了赵匡胤勃勃欲发的雄心。作为一个帝王，李煜对赵匡胤是心怀敬佩的，拥有着如此的雄心壮志，怎愁不会成功？

讽刺的是，即使南唐一再上表臣服，表示毫无争夺江山的野心，却也打消不了赵匡胤四海归一的欲望，因此，南唐国破家亡在所难免。自从从善离去，李煜渐渐明白了这一点，赵匡胤要的不是越来越多的朝贡和越来越谦卑的臣服，而是南唐的整个江山。只是，一切都已经晚了，李煜无奈，更多的是悔恨，自己为何不早点儿看清这一事实。如果时光能倒流，从善就不会远走他乡，不知归期。

真可谓，"天若有情天亦老，月若无恨月长圆"。李煜，才情俊逸，只可惜注定是位末代帝王，他流泪，为身边的人，也为无法挽回的局势。春天，会很快就过去，世间能有什么事是可以留得住的呢？心里被悲伤的情绪充斥着，此时，喘不过气来是李煜唯一的感觉。

面对残酷的现实，他这样手无缚鸡之力的文弱君主能做些什么呢？

一直以来，李煜是极度畏惧孤单的人，寂寞是他无法跨越的障碍。因为害怕寂寞，就越发地追逐热闹。所以，人越多，越感觉到快乐，即使那快乐是按分钟计算的，即使短暂，却也夺目。可是就算是身处人群中，就算他生命中，两个重要的女人爱他，南唐的百姓敬重他，痛彻心扉的孤独感却一直伴随在李煜的左右，李煜心中一直缺乏安全感。他一直不知道的是，世间没有永远的快乐，更没有永恒的安逸。

昼雨如愁，百尺虾须上玉钩

此时中秋已经过去，秋意由薄转浓，天气凉了，看着窗外纷飞的落叶，心中有些萧瑟。

捧一杯热茶，暖暖心，翻开手中的书，看到李煜的一首《采桑子》。同样也是这个季节，从梧桐树落下第一片叶子的时候，就已经知道，秋天来了，为何来得这样匆忙？萧索凉意，是每一个有故事的人无法忍受的事情。

蜀地多雨，一大早，就已经淅淅沥沥地下起了雨，雨不大，却让人分外心凉。都说一日之计在于晨，在一天开始之际就已经下起了秋雨，可想而知，这一整天的天气又会是怎样，这一整天的心情怎能不愁？昼雨如愁，随着秋雨，愁绪已经开始蔓延。

辘轳金井梧桐晚，几树惊秋。昼雨新愁，百尺虾须在玉钩。
琼窗春断双蛾皱，四首边头。欲寄鳞游，九曲寒波不诉流。

——《采桑子》

在不经意之间，秋天已经来了，虽然到了一个新的季节，可是，愁绪仍然如同往常，真是"无边丝雨细如愁"，新愁、惊秋，让人恍然、惊愕。虽然这秋雨带起了新愁，可是，就能把旧愁一刀斩断吗？显然不可能，新愁加旧愁，无时无刻不折磨着李煜，想来命运真是不公。

旧愁未消又添新愁，这真是让人苦恼的事情，以至于玉钩正垂在帘子的旁边，而忘记了用它把帘子别住。秋风夹着细雨从窗外扑来，扑打在女子的脸上。

这丝毫不能引起女子的注意，此时，她皱着眉头，脸上一片怅然。目光远眺，注意起院子里的景色来。

看来，秋天真的来了，窗外的梧桐树已经下起了片片梧桐雨，无人的院子显得有些寂寥，只有水井和梧桐静静地待在那里。

一阵风出来，把"梧桐雨"吹进了屋内，那女子却并不在意，她在等待，时间太久了，久得连自己都有些麻木。有的时候，她也在想，是不是早就应该放弃。这么长时间的等待，让人心中感到很凄凉，即使凄凉，心中也不想就此放弃。放弃，是多么奢侈的事情啊，心中不敢想，如若真是放弃了，自己的生命中还剩下什么？真让人无奈。

雨天，萧瑟的景色，懒洋洋的身体，不想，也不愿，就此垂下帘幕，当真是这样吗？每当想起这个问题，只怕女子的嘴角漾着的，一定是苦涩的微笑。自己不愿的，想必不是落满了灰尘的帘幕，而是不想就此错过什么吧。

能错过什么呢？在最初的日子里，女子心中描绘的，一定是和良人重逢时的幸福场景。幸福得连脸颊都有些泛红，一边在心中唾弃自己的不矜持，而一边，却又不自觉地遐想。直到时间流逝，等待让这美好的遐想也落满了灰尘，很多次，女子想把这灰尘拂去。可是，每次伸出手的时候，又不自觉地缩了回来，拂去心中的灰尘并不难，只怕留下的是难以抚平的伤痛。

罢了，还是就这样吧！人不就是这样，让自己待在一个小小的壳里，自认为很安全。可是，谁都知道，这也只是自欺欺人罢了。

断送的春光，让她想起了已经离开的爱人，孑然一身，在无边的等待里，自己所拥有的已经所剩无几——希望、青春和对于爱情的信心。对她来说，易逝的不仅是青春，更是爱情的无常。女子皱起了眉头，举目远眺，想在这个动作中寻找记忆中爱人的影子，可是，远处根本没有人影。她又想把满心的思念写在纸上，寄到爱人的身边，她怕，怕无边痛苦的等待毫无结果，让人心寒。

黄河九曲，寒冷异常，正如她心中的感觉一样，连鱼儿都无法逆流而上，更不用说人了。因此，想要把信送到，只能是妄想。

到这里，不禁佩服起李煜来，辘轳、金井、梧桐，这样简单的组合，就向我们描绘出了一幅深秋的萧索图，我想，"枯藤老树昏鸦"，所要表达的意境也不过如此。不禁让人感叹，秋风让梧桐树落下叶子，此时，秋雨又来相欺，这让梧桐树情何以堪，而又将等待的人儿的心放在哪里？因为思念，苦等的人儿早已备受煎熬，而秋雨的到来，则更让女子增添悲秋的愁绪，日日如此，月月这般，年年，想必更是这样，这让人情何以堪？让人不得不感叹。

每当读起这首词的时候，眼光总是流连在"惊"字上，终日的思念，让人忘记了时间。当万木凋零的时候，才发觉时间的飞逝，这本是人生的一大愁事。可是，昼雨，把愁又增添了一些，缠绵、哀怨，一齐涌上心头，无奈，又有什么用，注定要遭受的磨难，是常人所挣脱不了的。

这首词，是李煜众多词中的一首。他的每一首词，都能给我不一样的感受。对李煜来说，这是一个多事之秋，对于金陵城内的百姓，更是如此。宋军围城，城内一片恐慌。生意难做，物价上涨，存粮越来越少，就连生火的用具也所剩无几。宫中也在裁减闲散的宫人，以此来减少各项用度。

李煜有时在宫中散步，时常想念彼时宫人来来往往的繁华景象，此时，满目所见的，都在对李煜不停地诉说着苍凉和萧瑟，这只是因为南唐的秋天已经到了。

冉冉升起的红日，在李煜的眼中，如同落日一般，他似乎看到了南唐的未来。李煜，这样聪慧的人儿，怎会不知，这样想无异于是在长他人志气，灭自己威风，作为一位国主，这种想法更是要不得。可是，战争并非常人想的那样简单。就连逃避现实，都不是一件容易的事情。每日都有宫人要被遣散出宫，宫里的景象日渐萧瑟，李煜想起了昔日宫中的歌舞升平。

没有战争，没有离别，没有愁苦，有的，也只是放纵的快乐和一派轻松。想到这里，李煜心中更加萧瑟了，此时，想必很多人早已认清现实。可是，李煜，这个文弱书生式的帝王，心中还存有一丝幻想，南唐的大兵已经在江上屯聚多日，似乎还有转败为胜的可能。

此时，朱令赟是李煜心中唯一的希望，只要他的军队能够有所作为，那么，南唐的结局就可以重写。于是，李煜满心地希望自己能够如愿，可是现在看来，这是多么幼稚的一个想法。

再等几日，只要再等几日，南唐的援军就可以到来，只要再等几日，金陵就可以不再被围困。想来，自从北宋军队围困金陵之后，已经有半年多的时间，只要再等几日，情况就一定会不同。

也许，此时，李煜所能做的，只是用一个又一个借口，来维持自己看似平静的生活。让人不禁摇头叹息，若真再等几日，又能怎样？

转眼间，已到深秋时节，润州守将刘澄降敌。从这以后，金陵的东面受敌军所控，金陵彻底与外面失去了联系。

战争带给金陵城百姓的，不仅是煎熬。此时，城中的所有人，唯一能做的也只是等待，把全部的希望放在了朱令赟的十五万援军上。

李煜也曾动了求和的念头，于是，他把素有江南舌辩之士的徐铉派去向赵匡胤求和。可是，失败了，这对李煜来说，是沉重的打击。可是，命运对李煜的摧残还没有结束，不久，李煜就接到了朱令赟战败而死的噩耗。对，这是噩耗，命运已经把李煜的最后一根救命稻草给折断，李煜的心凉了，无力地坐在椅子上，呆滞的目光已经暴露了他的内心。

沉默，沉默，朝堂之上，除了沉默，大臣们似乎提不出有效的意见。是战，是降，必须尽快做出决定。

此时，李煜的脑海中一团糟，他想，无论战与降，似乎都不是好办法。守城半年之久，如若选择战，凭的是什么？而要是因此主动投降，又是否会成功？李煜心中，他与南唐，无路可走，已是注定之事。

李煜一声长叹，打破了沉默："难道让我投降？"

李煜知道，投降亦是城破，城破意味着国亡，而国亡，是否又代表着身死呢？身死并不可怕，可怕的是怎么对得起祖父一手打下的江山，难道江山真要亡在自己的手上吗？难道自己真要做一位亡国之君吗？李煜的心乱了，乱到无以复加。

李煜自问，从小生在帝王之家，一生的浮华，眼看着转为空，这是为何？璀璨的浮华转瞬即逝，正如在秋雨中辗转的梧桐叶，让人心中除了哀怨，还是哀怨。

这首词，选择了《采桑子》作为词牌。最初，看到这三个字的时候，觉得在这清雅淡丽中，能忆出一抹江南朦胧的烟雨色，江南水乡的一片氤氲、朦胧，似梦非梦，是它给我的唯一的画面。这画面太过于美好，因此，未免显得有些不真实，而这种不真实，带给我更多的则是生离死别式的悲叹，无可奈何。这种感觉，我想，没有人能比李煜体会得更为深刻。

我想，李煜也怅惘——突然发现那些人声鼎沸犹如过境之风雨，雨疏风骤，落红满径，这么大的势头却也只是一帘幽梦，余下的岁月只剩缅怀。

回首恨依依

"误落尘网中，一去三十年"，每当想到李煜，想到他的那些让我爱不释手的词作的时候，脑海中总会冒出这样一句话。我想，也许，李煜就像是《红楼梦》中的贾宝玉一样的人物，在红尘中走一遭，尝尽人间的酸甜苦辣，再回到仙界修行。我认为，李煜被上天赋予了同样的使命。

《临江仙》，又名《谢新恩》《雁后归》《庭院深深》等，到了任二北的《敦煌曲校录》中，才将其定名为《临江仙》。最为著名的《临江仙》，要数杨慎所作，现代人耳熟能详的电视剧《三国演义》的主题曲的歌词：

  滚滚长江东逝水，浪花淘尽英雄。是非成败转头空，青山依旧在，几度夕阳红。
  白发渔樵江渚上，惯看秋月春风。一壶浊酒喜相逢，古今多少事，都付谈笑中。

这首《临江仙》堪称历史上的经典之作。每每读这首词的时候，心中都会涌起一股激流，马上就要翻滚而出。

是啊，正如词中所说，所有英雄豪杰都会被淹没在历史的长河中，就像滚滚东流的长江，而所有是非成败，也只是过眼烟云而已，屹立不倒的，依旧是青山和每天冉冉升起的红日。

看透了世间轮回规律的人物，竟然是一位白发苍苍的江上渔翁，所有历史纷争，古今的纷繁困扰，也只能成为他与朋友们下酒的谈资而已。

也许，曾经或者正受着困扰的人们，看到这里，会心有不甘，自己想破了脑袋，却无从解释的世间困扰，竟然被渔翁和他的朋友们这般轻描淡写，任谁都会有此种感觉吧。

李煜，这个天生敏感多思的人，无可奈何地生在了帝王之家，他虽心不甘，情不愿，但却也无可奈何。本以为自己能够力挽狂澜，到最后却也落得个国破家亡的下场。

开宝七年，这一年对于李煜来说，注定是一个多事之秋，他一贯的退让保全的政策没有效果。北宋的军队攻打了金陵，围攻了一年多的时间，李煜苦苦地支撑着。

开宝八年初夏，金陵城危在旦夕，此时，李煜的心里已经做好了失败的准备。可是，现实总是充满了讽刺，明白失败为必然是一回事，当失败步步紧逼的时候，又有哪一个能真正做到岿然不动呢？

李煜不是神，他是一个有着细腻感情的词人，虽然身居帝位，但是，他有着比常人更加敏感的心。当北宋军队大兵压境的时候，他能做的，最多还是悔恨吧。

初夏，春天已经逝去。《礼记·月令》中所著："仲夏之月，天子乃以雏尝黍，羞以含桃，先荐寝庙。"

相传在初夏时节，古代帝王有用樱桃献宗庙的传统。作为一位帝王，李煜自然会知晓这一传统的存在。可是此时，李煜最为羞愤，帝王在这样的季节里，本应该按传统以甘美的樱桃祭祀祖先，可是，李煜怎么会有这样的闲情雅致，又怎会有这样的颜面拜祭先祖呢？对他来说，这无疑是莫大的讽刺，金陵城被困已久,宗庙难保,樱桃更是难献。

  樱桃落尽春归去,蝶翻金粉双飞。子规啼月小楼西,玉钩罗幕,惆怅暮烟垂。
  别巷寂寥人散后,望残烟草低迷。炉香闲袅凤凰儿,空持罗带,回首恨依依。

——《临江仙》

  人说,李煜的生平是命运的捉弄,遭遇了樱桃难献的尴尬境地,这还远没有结束。更让他烦闷的是,万物复苏的春天已经走到了尽头,每当读这首词的时候,我妄加揣测,李煜每天心中所念的,想必是,南唐的春天何时又能够来到呢?伤逝的感觉无以复加,几乎让人愁断了肠。

  小楼的西方,并非李煜心中向往之地,而是不可言说的痛楚。西方,正有着虎视眈眈的北宋军队驻扎,李煜不能去想,更不敢去想,因为,每每想到这一点,他心中充满了痛彻心扉的仇恨,是对这个无奈的时代,对胃口大开的北宋军队,更多的则是对软弱无能的自己。

  词人满腔的愤懑无法发泄,而此时,子规,这位蜀国的失国皇帝魂魄所化身的鸟儿,面冲着皎洁的月宫,用凄厉的鸣叫声,诉说着它的恨。怎不让人愁更愁?

  李煜在想,多年以后,自己的魂魄是不是也能像这鸟儿一样,时时向世人诉说他的无奈与哀愁呢?可是,即使传说在他的身上真的成为了现实,那又能怎样呢?虽然无奈,却只能承认,自己悲惨的遭遇也会成为人们餐桌上的无聊谈资而已。

  与其如此,李煜倒希望世人能把他彻底忘记,忘记历史上还有他这样一位无能的君主,愧对祖先创下的基业。

深夜,李煜倚着小楼窗户的玉钩罗幕,远眺楼外的暮烟低垂,心中更为惆怅。小巷里一片寂静,此时,人们都已经进入了梦乡,即使白日里要面对愁苦的境地,可是,梦境,总是人们逃避现实的最佳场所。

不知从何时开始,也许是傍晚,也许是黄昏,抑或在白日里,李煜就一动不动地倚着玉钩罗幕,眼神凄迷。很多时候,他的眼中是纷纷散去的人们无声的轻叹,而有些时候,他的眼睛,对着低迷的烟草,盛满了悲痛。

李煜心中忽然涌起了恨,他想起白日里在花丛中翻飞的粉蝶,想必玩耍得其乐无穷,他恨,恨的是无辜的粉蝶?或许,并非如此,粉蝶只是让李煜的思绪翻飞,回忆起了昔日,寻欢作乐,逃避政治。曾几何时,自己也像这只粉蝶一样,尽情地享乐,以至于忘记了时间,忘记了责任,甚至有时就连自己是谁,都有些记不清了。

"一抱红罗分不足,参差裂破凤凰儿。"久久伫立的李煜,想起了爱人空持罗带的愁容。即使带有"凤凰儿"文的衾枕被室内的炉香缭绕,也丝毫不能引起李煜的片片爱恋之意,只因江山危殆,无论是谁,也不会再有谈情说爱的心情。这对于充满了国破家亡忧思的李煜来说,怎么能不恨呢?

每当读到这里,心中竟然也随之涌起了一股恨,不得不佩服李煜词作独特的动人魅力。给予我的,不仅是那种沉重的亡国之痛,更多的是感同身受,这样一个人,叫人怎能不喜欢,不欣赏。他的所有词作,皆出自本人的真情实感,更体现于他的形象比喻以及对愁绪的抒发上。古往今来,善于抒写"愁绪"的词人并不算少数。人类的感情细腻万分,自认为,像李清照所说的那样,即使小舟也承载不了心中的许多愁。可是,仍然觉得,他们的愁并不鲜活,也不如李煜的含蓄、深邃,从意境上说,更比不上李煜的词。不论是"问君能有几多愁,恰似一江春水向东流"还是"剪不断,理还乱,是离愁,别是一番滋味在心头"。

回想了一下,李煜的词作,充斥着离愁别恨。在他的词中,愁绪像一江春水,一团丝麻,不理还好,越理越乱。而每当读起他的词作之时,总会被奔涌、沉重、纷乱的愁绪所左右。

一直觉得，李煜的词作有着不可抗拒的感染力，总会随着他心情的起伏而波澜不定。

综观这首词，可谓用心良苦，"樱桃落尽"和"子规啼月"皆是用典，伤逝的无奈之情，即将亡国的预感，都在词里淋漓尽致地宣泄。虽然李煜算不上是一位称职的君主，但是，国家危亡之际，百姓即将罹难，此等生死攸关的大事，在他心中，还是有分量的。虽然现实的状况让人颇为无奈，在此重要的时刻，胸无解决的大计，更没有为其出谋划策的助手，对于李煜这样一个文弱书生来说，能做的，也只是终日忧思不断。我想，在这首词中，他把自己比作是春闺中的思妇，也不无道理。

接下来，思妇满怀的感伤，让人体会到了无穷无尽的惆怅，更有着眼中难以排解的情怀。

年少时第一次读这首词，唯一记住的只有"恨"。那浓郁得化不开的感情，向我们娓娓道来，不觉突兀，反而有种水到渠成的自然流畅的感觉。

一个"恨"字，可以贯穿全词，让人不禁想到每当李煜有亡国之忧的时候，李煜是在回首自己，更不自觉地检讨自己，而这些，也都是我个人的猜测罢了。

陈廷焯《别调集》中有云："低回留恋，宛转可怜，伤心语，不忍卒读。"每当读到这个评价的时候，我总会不自觉地点头，虽没有古人那般出色的文采，可是，不得不承认，这就是我心中所想。李煜，及他的所有词作，皆给我这样的感觉，这种微妙的感情与"近乡情更怯"也许有着异曲同工之妙吧。因为喜爱这个有着百转千回惆怅不断的人，更被他的词作所感染，每当拿起他的词作时，心中总会矛盾，实在不忍翻开书本去读，可是，更多的时候，又忍不住去读。往往在品读的时候，心思总会驰骋，心驰神往，用这个词语来形容我的感受，我想，再恰当不过。

《临江仙》这个词牌，很受人偏爱，有人甚至因此把李煜和晏几道拿来对比。

正如前面我说的那样,李煜的词天然,而晏几道的词,体现更多的则是句读之间的俊美风流。

李煜的词作,对事物的感觉完完全全出自直觉,丝毫没有逞才或者自傲的意思,只是像个纯真的孩童那样,把自身的感受向每一个读它的人娓娓道来。无论是宫廷宴乐,还是情人幽会,抑或是伤春悲秋,他的词作,全都可以叙说成一个个感人至深的小故事,不论是他的欢乐之词,抑或是悲伤之语,皆是如此。可能就是因为这个简单得不能再简单的原因,无论其他词人的词作怎样优秀,在我的心中,偏爱李煜还是要多一些的。

李煜,就是一个懂情之人,把他的心事悄无生息地演绎成文字,每一首词作像是在述说一个个动人的故事。

一片芳心千万绪

芳心一片,却惹了万缕千丝的愁,好一个如花般的心事。而花的故事,向来离不开蝶。

蝶恋花,就这样,迷了多少世人的眼。

《蝶恋花》这一词牌,来源于"翻阶蛱蝶恋花情",听起来颇有些缠绵悱恻之意,主要是以词作者心中的愁绪为主,即使有些是写山水。可是,中国古代的词人,即使写山、写水,也还是寄情于景,万变不离其宗。

在《蝶恋花》这个词牌里,既有"衣带渐宽终不悔,为伊消得人憔悴"的痴情,也有"笑渐不闻声渐悄,多情总被无情恼"的无奈,更有"凭仗飞魂招楚些,我思君处君思我"(苏轼)的别情。似乎,在这个词牌里,向人们展示更多的是词人百转千回的感情,也许这就是最为吸引人的地方。

遥夜亭皋闲信步,乍过清明,早觉伤春暮。数点雨声风约住,朦胧淡月云来去。

桃李依依春暗度,谁在秋千,笑里低低语。一片芳心千万绪,人间没个安排处。

——《蝶恋花》

深夜里，词人在水边的亭子里散步，颇有些闲庭信步的悠闲自在。此时，清明刚过，眼看着夏天的脚步越来越近，可是他的心中没有一丝一毫欣喜，反而有着无限的伤感，原因很简单——春天马上就要过去，伤春之感永远无法释怀。

为何美好的东西那样容易消逝，即使是想在它消逝的时候做最后的抚摸也无法做到，真让人惆怅。惆怅是一滴忧伤的水珠，点染心海，泛起千层浪。

夜深了，他还在独自来回踱着步子。此时，心中郁积的烦闷感情无法挥散，他想，还是自己一个人吧，就是有了一个可以陪伴的人儿，可是，为何要把这种烦闷转嫁于他人呢？这只是徒增伤感的无聊之举，罢了，还是独处为妙。

才过清明，即使夏天快到了，距春天的离去还有一段时间，不知为何，此时就已经开始"伤春暮"了。

一阵急雨到来，他连忙躲进亭子里，风声、雨声，交织成一首悲伤的乐曲。月亮好似也染上了这愁绪，变得分外朦胧，这要归功于那几片飘来飘去的云彩。

雨随风，云遮月，眼前的景物清新淡雅，婉转自然，这本是极具神韵的美好之物，为何在词人的眼中都带有了一丝惆怅？当真是像世人所说的那样境由心生吗？

对面的桃花还在竞相开放，似乎体会不到他的愁绪，春天已经悄悄地溜走了，心中正是伤感之时。远处传来一阵轻声笑语，也许是离得远了些，竟有些听得不甚清楚，只是知道，那些女子在悠闲地荡着秋千，聊着天，多么美好！

真是少年不知愁滋味啊，他笑着苦叹了一声，远处莺莺细语，而自己却在黯然伤神，这是多么强烈的反差呀。无奈、幽怨，却是他永远也难释怀的心事。

伤春的情怀该怎样安置排遣？无奈之下，只能任由其堆积在心里，越埋越深。千丝万缕愁绪的强压之下，只能落得个"人间没个安排处"的感叹。

从表面上看，李煜的这首《蝶恋花》写的是一位曼妙如林黛玉般的女子，独自感伤，看似和词人对于国事的担忧没有丝毫关系。而大家都知道，古代文人在创作的时候，有一个共同点——借用美女的形象来比喻君王。春光易逝，美人的青春也就要不在，那么，南唐的未来呢？更是令人堪忧！

花逝般的青春，颓然的南唐，都是涌动在骨子里流不出的愁和痛。

无论是南唐词、花间词，或者是敦煌曲子词，都是以男女之间的感情作为词的主要内容。"绮筵公子，绣幌佳人"，玉指、黛眉、芳心，皆受到此类词人的追捧。冯延巳的《南乡子》："细雨泣秋风，金凤花残满地红。闲蹙黛眉慵不语，情绪。寂寞相思知几许。玉枕拥孤衾，挹恨还闻岁月深。帘卷曲房谁共醉，憔悴。惆怅秦楼弹粉泪。"也是类似的作品。

李煜诗词创作的早期，均以描写宫廷生活为主，到了中后期，自身的经历使然，多描写心中的愁绪，但也许是受了早期作品的影响，有时也创作些此类的词作。王国维在《人间词话》中曾说的"后主之词所谓以血书者"，皆是此意，而他的"一片芳心千万绪，人间没个安排处"就是词人倾吐肺腑之言最好的写照。一个皇帝能出此言，可见他心中的痛苦和愁，就如同他的皇位一样，唯有他一人独享了。个中滋味，自认为没有资格揣度。

总觉得"一片芳心千万绪，人间没个安排处"此句甚妙，想来，这人世间是多么广大，可竟然容不下词人这寸心之愁。由此可知，李煜的愁并非一丝一缕，而是纷繁无际。

有人曾说，这首《蝶恋花》是欧阳修所作，又有人说这是北宋李冠的词作。但在《尊前集》《花草粹编》《历代诗余》《南唐二主词》中皆说此词为李煜所作。我心中甚是喜欢这首词的风格，睹物伤感、悲春伤情，我个人认为此词是李煜在金陵城被围困之际的作品。

"朦胧淡月云来去"，我想，也只有李煜能有此番神作，只用了区区七个字，就准确地描绘出了云和月的缠绵悱恻，云与月之间的自然流转恰恰和词人心中的骚动不安形成了强烈的对比。

> 几许伤春春复暮。杨柳清阴，偏碍游丝度。天际小山桃叶步，白花满湔裙处。
>
> 竟日微吟长短句。帘影灯昏，心寄胡琴语。数点雨声风约住。朦胧淡月云来去。
>
> ——贺铸《蝶恋花》

这首词是自号"庆湖遗老"的北宋词人贺铸所作，他的这首《蝶恋花》完整地诠释了李煜的"数点雨声风约住，朦胧淡月云来去"。

沈谦在《填词杂说》中说，"红杏枝头春意闹""云破月来花弄影"，皆不如李煜的这两句有味道。

说起李煜的身份，可能很多人会说，他只是一个落入红尘的昏君，抑或是一个亡国之君，可事实是哪个，又有几人体会得到。说起词作，个人也很喜欢苏轼、辛弃疾此类词人的豪放之情，更对李易安的"凄凄惨惨"感到同情，但是，最能与之产生强烈共鸣的，还要数后主李煜。不管是"春花秋月何时了"，还是"人间没个安排处"，抑或是"林花谢了春红"，再或者是"人生长恨，水长东"，都让我深深地体会到了其中的婉约惆怅，更深感沧桑，只为那丧国之痛。

历史不会为哪一个人停下它前进的脚步，一切都会成为过眼烟云。李煜的遭遇，在后人看来没什么大不了，可是，我想说的，也正是由于这个原因，为什么世人总盯着他政治上的昏庸而低估了他在文学创作上的耀眼才华呢？

对于很多人来说，虽然不想承认，可自己就是一个彻彻底底的小人物，没有远大的志向，更缺乏建功立业的想法，有的只是愤世嫉俗的想法。可小人物又有什么不好，为了那所谓的鸿鹄之志，就要在凡尘俗世中摸爬翻滚，最终忘记了自己是谁，这样的日子，我们会感觉到快乐吗？如果不快乐，在人生短暂的几十年里，我们活着又有什么意义呢？

说到这里，我倒是真心佩服那些有勇气脱离俗世的人，也许有人说他们逃避现实，可如果有能力逃避所谓的现实，并且乐在其中，又有什么不好呢？这样的勇气，有多少人有？真正能做到者，更是寥寥无几。

在这里，我倒是想问一问，做皇帝真的是件快乐无比的事情吗？如果你想体会一下其中的快乐，想必也一定要付出绝大部分的精力来维护这种快乐吧。作为一个小人物的我，只想执子之手，与子偕老，在青山绿水间享受惬意的生活，这才是作为一个小人物应该享受到的快乐。当然，这仅是个人的观点。也许，李煜的痛苦和无奈，根本原因在于他错生在了帝王家。

满腔的悲苦难道真的像李煜词中所说的那样"人间没个安排处"了吗？我想不是的，李煜也曾度过一段快活的时光，除了风雨飘摇的国事，人与生俱来的本能，还是让他找到一些排遣寂寞的方式。

有人说，李煜生活在二元的世界里，在享受着富庶的物质生活的同时，精神上却在饱受着痛苦，忧伤愁恨时刻折磨着他的内心。可以说，这种情感一直伴随着他的一生。登基称帝，本不是他所希望的，导致了他悠闲安逸的生活转眼间成了过去，以至于最后从一代帝王沦落为阶下囚，残酷的现实造就了李煜的悲剧人生。同样，不可否认的是，这直接导致了他的文学创作臻于化境。

事实就是这样，当一个人担负着巨大的痛苦，而这种痛苦又无法在现实生活中排遣的话，他会自发地在精神世界中寻找解脱之道。对于此时的李煜来说，没有比宗教信仰更有吸引力的了。五代十国时期，佛教在南方各国盛行，而恰好，李煜正需要一个寻求解脱的契机，一拍即合之下，李煜自然而然地开始了他的佛教之旅。

从小，李煜就是一个受着佛教熏陶的孩子，这从他的名字就可以窥见端倪。李煜，名从嘉，字重光。他还有"钟隐"等名号。虽然名字只是一个代号，但是，不可否认的是，他名字当中蕴含了浓厚的超脱意味。

"钟隐"，意味着他内心深处向往隐士的生活，这从他的两首《渔父》中就可以窥见一二。李煜对佛教的推崇，各大史书都有记载。

"后主天资纯孝……然酷好浮屠,崇塔庙,度僧尼不可胜算。罢朝辄造佛屋,易服膜拜,以故颇废政事。"这是陆游在《南唐书》中所记载的。

为了支持佛教事业,李煜不仅在金陵城内外广修寺庙,更是请了高僧在寺庙中设法会、斋会。

李煜如此信佛、奉佛,应该是源于现实生活中的不如意,他强烈地感受到生命中无法避免的"人生愁恨"。所以便会自然而然地寻找另一种超脱。

古来圣贤皆寂寞,每个词人都是寂寞的,也许是知道自己必然寂寞,因此,心中仅存的那些忧患和不满也有了一些慰藉的理由。但是,李煜,与其他人不同,也许是由于他的切身经历,更是由于他本身怀有一颗赤子之心,在他的词作中,要么全身心地体会生活的惬意,要么在苦难中彻底地醒悟人生。如此大起大落的态度,我们真的是猜不透。

李煜就是这样,总是能够用一种真诚的态度来面对人生,对灵魂做出深刻反省。他不屑与那些遮遮掩掩的人为伍,而是毫不保留地把自责、悔恨和无奈的心声袒露给世人。

想到这里,心中不免会感叹,除了李煜,还有哪一个人能够如此坦然地面对自己的灵魂呢?叫我不喜欢他,都找不到合适的理由。

一声羌笛，惊起醉怡容

羌笛幽幽地响起，惊起了醉容，也惊醒了心里的千般愁。

"一声羌笛，惊起醉怡容"，出自李煜的《临江仙》，在同一词牌的所有作品中，这是我最喜欢的。整体看来，较之于其他几首《临江仙》，这首的字数偏多，《全唐诗》中记载，是两个半阕组成的集合体。

上半阕悲秋，而下半阕伤春。虽然描写的景物有着很大的差别，李煜的感情抒发却十分相似，因此，即使在这方面还有些争议，我倒是愿意相信，这首集伤春、悲秋于一体的词是李煜完整的作品。

> 庭空客散人归后，画堂半掩珠帘。林风淅淅夜厌厌，小楼新月，回首自纤纤。
> 春光镇在人空老，新愁往恨何穷。金刀力困起还慵，一声羌笛，惊起醉怡容。
>
> ——《临江仙》

曲终人散的时候，随处可见的零落景致，使人心生凄凉。空寂，再加上秋月的冷清，每一处景物，似乎在向人们诉说它无处不在的落寞。

画堂中的珠帘半卷着，经历了彻夜的狂欢，这珠帘，竟然也变得懒洋洋的了。窗外的风声雨声一直没有停歇，让人觉得，也许生命就在这漫长的风雨声中度过了。

在小楼里看到天空中升起一弯新月，蛾眉般纤巧。颇有些"始见西南楼，纤纤如玉钩"的韵味。

南唐冯延巳在他的《长相思》中曾云："红满枝，绿满枝，宿雨厌厌睡起迟，闲庭花影移。"雨整夜地下着，让人懒得起床，而这种无精打采，即使红满枝、绿满枝，也不曾撼动，只因这雨下得太过于缠绵。

《诗·小雅·湛露》中云："厌厌夜饮，不醉无归。"这里的"厌厌"所指的是漫长、长久的样子。

这所有场景，让人不禁觉得，此时此刻，内心深处，是格外的寂寥，夜，是这般漫长，好像梦境一般，永无尽头。

李煜的手法娴熟，虽看似描写的皆是秋夜中寻常的景致，可是他所追求的，却是世人所说的"虚者"，气氛浓，胸臆淡，真真称得上空灵剔透。

李煜就是这样的词人，擅长在寻常之物中让人体会他不寻常的感觉。每次读他的词作，总会有置身于梦中的感觉。事实也是如此，李煜擅长写梦。

也许，梦对他来说太过于重要，以至于他的后半生都沉浸在自己编织的美梦中无法自拔。如果是寻常人，是无法对梦境有过多体会的，可是，李煜不是寻常人，自出生之日起，命运就给他的人生定下了沉重的基调。遗憾的是，他无法体会寻常人平凡的人生，反之，寻常人，自然也不能对他的痛苦和哀愁有切身的体会。

梦境，是李煜的精神支柱。不久之后，李煜的人生将会出现极大的改变，甚至再寻常不过的人身自由，对他来说也成为了一种奢望。一切都无法对人诉说，即使是寻常的思念和悔恨，都不能一一言明，这是多么无奈的事情。

梦境就与现实不同，在梦中，所有美好的愿望都可以实现，即使是激愤之言,也无人妄加干预,这是多么畅快人心的事情呢。西方的弗洛伊德曾对梦境解释说:"梦的内容乃是愿望的满足,而梦的动机,在于某种欲望。"

还需要对此话做过多的解释吗?我想不用了,弗洛伊德已经说得十分清楚,因此,李煜的生命中才不能缺少梦境。对他来说,也许他的梦,不全是在现实生活无法满足的情感需求,也有对现实某些事物的情感转移。

他需要通过梦境来实现在现实中无法实现的事情,相思的人儿,在梦境中可以见到,甚至可以真实地触碰到;远离的兄弟,在梦境中甚至可以回到家乡,与亲人团聚。

岌岌可危的政治局面,也可以在梦境中被完美化,回到当初国家兴盛的年代。即使是想象,都会让人发出会心的微笑。自然,世间的幸事中,怎会有比亲人团聚、爱人相守、国泰民安更让人欣慰呢?

想来,就描写梦境而言,纳兰容若也是一位高手,可是,虽然二人都是描写梦境的翘楚,但所写的内容却有着很大的差别。

容若所关心的,更多的是自身的感受,词作中抒发的,也是自己的哀怨与悲戚,兴许是沉浸在个人的情感世界中太久了,以至于缺乏惊心动魄的社会场景和绚丽多姿的生活场面。因此,有人对此评说:"《纳兰词》里既没有亡国之君缅怀故国江山的沉痛,也甚少风流才子吟咏绣阁青楼的旖旎,更缺乏政治军事家评史忧国的气概。"

虽然容若也怀友、悼亡、吊古伤今,可是,他的梦境缺乏对于人生大气概的理解,显得有些小家子气。

这话虽然是对容若的评价,或许,容若词中缺少的东西,恰恰是李煜词中蕴藏丰富的东西。

纵观李煜的一生,可谓跌宕起伏,正如一场色彩斑斓的梦一样,享受过荣华富贵,也一朝沦为阶下囚,曾拥有过知心爱人,也经历过生离死别。我曾不止一次地说过,李煜满怀一腔赤子之心,他用所有感情,在他为数不多的作品中——展现出来，不论是悲戚，还是愁思，抑或是对于人生、宇宙的感悟，皆是如此。

这首《临江仙》的基调是悲壮的，让读了它的人，每每觉得意境深远，仿佛感受了李煜所经历的所有感情。无论是伤春，或者为悲秋，甚至是相思之苦，都会一一理解，甚至沉溺其中，无法自拔。我想，这也算是李煜为读者所编织的一个丰富多彩的梦吧。

李煜和容若的梦，与现实之间的关系有着迥然不同的矛盾。现实中难以排遣的苦闷，无法表达的情感，甚至旁人不能理解的事情，都能在梦境中被合理化。

这样的梦境，想来都充满了凄迷，这是因为，无论是哪一个梦境，都充满了对人生不如意的怨愤，以及生命中不可承受的压力。所有这些，都只能在梦境中寻求一时的安慰。不管怎么说，梦境都是现实的映射，因此，可以说是现实生活的一种升华。

词的下阕，俨然已经开始伤春了。

春晨困起，顿觉伤感，虽然春光明媚，一切都是那般美好，可是，青春却依然老去，即使美景在前，想必也无法吸引这个伤春之人，更不用说给他以愉悦的感觉。

伤春最使人伤心，悲秋还好，毕竟面对的皆是凋零的景象，所见之人心中一片怅惘也在所难免。可是，伤春就不是那么简单了。在美景的映衬下，心思细腻之人，总能让新仇旧恨通通涌上心头，真真就想这样醉卧不起，想来也算人生中一大幸事。

这倒是让我想起了拥有"江南四大才子之一"美称的唐寅，他在《桃花庵歌》中所说：

　　桃花坞里桃花庵，桃花庵里桃花仙；
　　桃花仙人种桃树，又摘桃花换酒钱。

> 酒醒只在花前坐，酒醉还来花下眠；
> 半醒半醉日复日，花开花落年复年。
> 但愿老死花酒间，不愿鞠躬车马前；
> 车尘马足贵者趣，酒盏花枝隐士缘。
> 若将显者比隐士，一在平地一在天。
> 若将花酒比车马，彼何碌碌我何闲。
> 别人笑我太疯癫，我笑他人看不穿。
> 不见五陵豪杰墓，无花无酒锄作田。

想来，在《渔父》中，李煜也有着归隐的想法，可是，他没有唐寅的潇洒。即使世人笑，他宁可"疯癫"一世，即使凡人看不穿，过着"酒醒常在花边坐，酒醉还来花下眠"的惬意生活，岂不快哉。

无论伤春，还是悲秋，都是词人抒发真情实感的媒介。李煜当真称得上"词中之帝"。每每读他的作品，心中总是很难平静，经常会做这样那样的设想，如果……那么……可是，心中也十分清楚，人生不可以重复，更不能做过多假设。每当想到这里，心中总会涌起一丝无奈，为李煜，也为自己。

第二章

一曲清歌,暂引樱桃破

烂嚼红茸，笑向檀郎唾

初见，是何等美丽的事情，而对于李煜来说，与"大周后"的初见，更让他永生难忘。

"大周后"，名叫周娥皇，当时南唐司徒周宗的长女，嫁给李煜为妻，后因李煜继位，而成为南唐皇后，史称"大周后"。这个美丽的女子从小就享受着富足的生活。更难得的是，她还是一位拥有高超审美鉴赏能力的女子，引领了南唐上流社会的一次又一次潮流。这样一个集美貌、智慧、才气于一身的女子，袅袅地站在李煜面前的时候，李煜惊呆了，他暗叹，眼前这位娉婷佳人，真是上天送给他最好的礼物。霎时间，李煜忘记了世间的所有纷繁复杂。

牵起佳人的葱葱玉手，李煜恨不得印上一吻，但又怕唐突了佳人，所以只能言笑晏晏，笑而不语。

新婚的日子，何止一个甜蜜了得。李煜从最初的惊艳，进而深深地爱上了上天赐予他的这个蕙质兰心的女子。每每想到大周后，李煜就会不自觉地微笑，感叹自己真是天底下最幸福的人，伴侣就是知己，这是人生中的一大幸事，岂不快哉！

身为皇子的他，自然知道婚姻不能由自己做主，这种无奈的强制结合，是身在帝王之家最大的悲哀。

此时身为皇子的李煜，并未将儿女私情放在心上，一团阴云正在向李煜步步逼近。李煜身为李璟的第六子，一直倍受皇太子弘冀的猜忌。

想到这里，李煜不禁低声吟诵："煮豆持作羹，漉菽以为汁。萁在釜下燃，豆在釜中泣。本是同根生，相煎何太急？"

此诗为曹植所作的《七步诗》。相传，曹丕登基之后，对自己的这个弟弟颇有些忌惮，想找个恰当的机会清除这个隐患。却说，曹植，如此聪颖的一个人，怎会不知道兄长的心思呢？想当初，曹植也是步步小心，生怕一言一行让曹丕抓住把柄。但是，他可曾想到，"伴君如伴虎"，纵然自己不曾犯错，可是曹丕的心中早已生出除掉他的决心了，于是，看似平常的一个日子，兄弟俩"偶然间"聚到了一起，曹丕笑着说："对于子建的才气，朕早有耳闻，何不今日为朕作一首诗？"

虽然曹丕的表情并没有什么异常，但是，生长在帝王之家的曹植却知道其中的奥秘，表现出诚惶诚恐的样子说："承蒙世人抬爱，臣弟愧不敢当！"

"子建，你就不要再推辞了，赶快作一首诗，否则，朕可要责罚你！"曹丕笑着说。

曹丕的话看似是个玩笑，而实际上，曹植感受到了其中隐藏的一丝杀气。曹植叹了口气，人道是，身在帝王之家，一定是上辈子修来的福气，而世人哪里知道其中的悲哀。于是，曹植慢慢地背过手去，一边踱着步，一边吟诵了这首诗。

李煜在心中想象着曹植作《七步诗》时的情景，想罢，心中又是一片苦楚，自己又何尝不是生活在水深火热中呢？

在很早以前，李煜就感受到了太子弘冀的异样眼光，只是因为李煜异于常人的长相——阔额、丰颊、骈齿、重瞳。李煜的相貌和历史上的舜、项羽惊人相似，当时，这种相貌被世人看作是"帝王之相"。因此，就算李煜心中本没有一丁点儿的夺位之心，而太子弘冀却把他看作了心头的大患。试想，有哪位君主能够容忍得了这样一位天赋异相的兄弟存在呢？

对于弘冀的排挤，性格温顺的李煜虽然无奈，却也没有什么行之有效的解决办法，只得一再地退让，本想兄弟间的情谊胜过一切。但是，接下来发生的一件事，让李煜心中阵阵发寒。

平日里，太子弘冀沉默寡言，城府颇深，做事当机立断，从不犹豫不决，这种处事方式和当时的中宗李璟天差地别。南唐保大十四年，后周发动了对南唐的攻势，而此时吴越则落井下石，在常州出兵。在这么紧要的关头，当时正在镇守润州的弘冀与柴克宏密切配合，大获全胜，斩敌数万，俘敌数千。柴克宏本是中宗派来迎战吴越军队的大将。因为这次胜利，弘冀被立为太子，调回金陵参与政事。

但弘冀经常一意孤行，违背中宗的旨意，中宗气得操起球杖打他，甚至扬言要废了他的太子之位，把皇位传给他的三叔父晋王景遂。弘冀此时才二十八岁，对于中宗的话一直耿耿于怀，于是买通景遂的随从，在晋王打球口渴喝水之际，下毒将其毒死。景遂的死状惨烈，还没有入殓，身体就已溃烂不堪。这个骨肉相残的宫廷血案，让李煜毛骨悚然，从此以后，对兄长弘冀更是忌惮。可是，作为一身书生气的李煜来说，除了退让示弱外，没有其他的办法了。对于国家大事，李煜也一直是退避三舍，从不发表任何意见。

从那以后，李煜一直过着惬意的生活。在李煜的心中，自己的一生早已被皇室子孙这个身份紧紧地拴住了。哪承想，在他十八岁这一年，这个名叫周娥皇的女子走进了他的生活，与他结了秦晋之好。

婚后的生活让李煜忘记了苦闷的现实生活，一心沉浸在与周娥皇你侬我侬中。也许是二人皆善诗词、懂音律、能歌舞、通史书，李煜惊喜地发现，他与周娥皇有着惊人一致的艺术追求，这种心有灵犀、声应气求的和谐，引发了二人炽热深沉的爱情。

朱唇皓齿、凤眼星眸，天生的冰肌玉肤，不论是淡扫蛾眉，还是略施粉黛，大周后所散发的魅力,往往让李煜顾盼不暇。莫说情人眼中出西施,单说眼前这位如出水芙蓉般的可人儿,又有哪一个能够招架得住呢?

当李煜言笑晏晏的时候,他知道,此生唯有这般天仙似的人儿能与他一同度过。也许,在那个瞬间,时间对于李煜来说,是静止的,眼前,心里,全都是佳人的一颦一笑,哪里还容得下他人。

新婚后的朝夕相处,更让李煜情难自拔,一刻也不想与之分离。很多次,夜深人静的夜晚,不知怎的,李煜突然间从美梦中惊醒,分不清是现实还是梦境,心中猛然间失落万分,爱抚着身边酣睡的爱人,李煜心中踏实了。原来,无论是现实还是梦境,老天还是眷顾他的,身边这位睡梦中嘴角还露出一丝调皮微笑的人儿就是最好的证明。

李煜爱怜地摇了摇头,想起今日清晨,大周后理罢晨妆,拿起铜镜顾影自怜。李煜含情脉脉地看着爱人的动作,欣赏她的花容月貌,感叹造物主的神奇,竟然能将才气与美貌结合得如此完美。说到这里,有些羡慕李煜,想来,如果自己也能遇到这样一位知心爱人,想必时时都会向人诉说心中的幸福感觉。

端坐在梳妆台前,周娥皇觉察到了李煜爱恋的目光,面色一片羞红。只见眼珠微微一转,回过头去,调皮地向李煜吐出丁香舌,半娇半羞,嫣然一笑,只见朱唇轻启,哼起了只有夫妻才能充分意会的艳曲。

李煜听得入了神,微笑之间,还会不时地想起两人相处的点点滴滴。会心微笑,一时间,李煜来了兴致,为其斟满酒杯,期望爱人的心情能够更加欢愉。

经过几杯醇酒的助兴,周娥皇已经面颊泛红,眼神迷离,妩媚婀娜的身姿,与她身上殷红的纱罗裙交相辉映。

飘飘欲仙、勾魂夺魄,恐怕世界上的词语很难能够描绘出周娥皇此时的媚态,就连站在一边,还来不及饮酒的李煜也有了一丝丝醉意,真可谓"酒不醉人人自醉",自然,眼前的这个绝色佳人,更让李煜魂牵梦绕。

又喝了几杯,周娥皇有些不胜酒力,半倚在绣床上,随手挥动着被酒水润湿的罗袖,而另一只手抽出了一根细线,把它放在了嘴里不断地咀嚼。

嘴里的动作持续着,周娥皇充满媚态的眼睛,看着对面的爱人,笑不露齿,暗送秋波,随后,竟然把已经嚼烂了的红茸唾向了李煜。而李煜,此时正在全神贯注地看着眼前这位姣美巧笑的绝色女子,心中吟诵道:"手如柔荑,肤如凝脂,领如蝤蛴,齿如瓠犀,螓首蛾眉。巧笑倩兮,美目盼兮。"

二人此时并没有言语,只是,彼此都知道,此时无声胜有声。

想起白天发生的趣事,李煜轻轻地吻上了周娥皇光洁的额头,周娥皇不自觉地把身子往李煜这边凑了凑。

李煜轻轻起身,思忖片刻,写下了他与周娥皇甜蜜爱情的见证——《一斛珠》:

晓妆初过,沉檀轻注些儿个。向人微露丁香颗。一曲清歌,暂引樱桃破。罗袖裛残殷色可,杯深旋被香醪涴。绣床斜凭娇无那。烂嚼红茸,笑向檀郎唾。

李煜深情地看着这首词,仿佛看到了爱人当时娇滴滴的情态,此时的他,不仅心儿醉了,他的骨头恐怕也要酥了。

李煜,是一个何其幸运的男人,不仅拥有了一个广阔的艺术空间,还能有周娥皇这位红颜知己的陪伴,真真叫人"愿作鸳鸯不羡仙"!

别殿遥闻箫鼓奏

长久以来,"国家不幸诗家幸"似乎成为了一种惯例。好像词人只有经历了人间的一次次苦难,才能一步一步地登上文学的高峰,因此,伟大的诗人、词人就应运而生。这究竟是幸事是悲哀呢?

当世间所有纷繁都逝去的时候,也许,只有这些熠熠生辉的词句能经久不衰地停留在人们的思想中,每时每刻闪耀着光辉。而这些词人,也因此没有被历史所埋没,时刻在人们的记忆中吟唱他们的快乐、惬意、哀伤与无奈……

红日已高三丈透,金炉次第添香兽。红锦地衣随步皱。
佳人舞点金钗溜,酒恶时拈花蕊嗅。别殿遥闻箫鼓奏。

这首词是李煜的代表作之一。王国维曾经评说李煜:"生于深宫之中,长于妇人之手。"话语虽然异常简单,但是,却评价得十分中肯。也许有的人看后,脑海中会生出无限遐想:"长于妇人之手,是否眼界不会宽阔,而亡国成为了一种必然?"

世人不必用想当然来概括李煜的生平,这里只是单纯地评说他的这首词。皇宫,这是让所有人产生无限遐想的富贵之地,笼罩着一片神秘的气息。虽然皇帝身居装饰豪华的皇宫，但是，他作为人类社会中的一员，自然也会有普通人所共有的烦恼，自然，他更会有追求快乐的天性。

本性，弗洛伊德称之为"本我"，这种能量不断地受到道德的压制，可是人类的本性是无法压制的，因此，它总是从不同的渠道表现出来。

李煜常年在深宫中享受安逸的生活，沉浸在这种快乐的感觉中无法自拔。李煜的一生都有这种特点，始终没有摆脱孩童的特性，即使是在他的作品中也同样如此。

宫廷中的歌舞彻夜不废，常人很难想象这样的情景，即使日高三丈，应该恢复昼日里的宁静，暂缓午夜的歌舞喧嚣了。可是，此时，歌声正盛，舞意正浓，宫人们依旧在一炉一炉地添炭，用红锦铺成的地衣，已经不再平整，兴奋的舞者正在上面随着音乐翩翩起舞。

音乐的节奏让人忘记了世间所有纷扰，不仅是作为观众的李煜，还有这些舞者，跳得过于忘情，连发髻上插的金钗掉落都不知道。

参加宴会的人们兴高采烈，真应了"酒不醉人人自醉"。美女喝多了，拾起地上的一朵鲜花，把它放在了鼻端轻轻闻着，花的芳香，使得酒意稍退，身体舒坦了一些，而接下来，自然还要投入到这一片歌舞升平中。

刚才的一幕落入到李煜的眼中，惊艳，这是他唯一的感觉。花面相映，这让我不禁想起了一句话——人面桃花相映红，想必，在那一刻，李煜的心里也是有着这样的触动。酒是醉人的酒，而"色"，本来就迷人，在微醺的李煜的眼中变得更为迷人。

对于这首词古今评论褒贬不一。倒不是由于这首词的水平，而是所描述的内容。我想，这不是最重要的，李煜本人充满了童真，他的词作更是"真"情流淌，敢于描写他真实的生活。倒不像有些人那样，对生活遮遮掩掩。这是我最为欣赏的一点。

在与周娥皇共结连理后，李煜确实过上了"只羡鸳鸯不羡仙"的悠闲日子，尽情歌舞，纵情欢乐。他是幸运的，能遇上周娥皇这位蕙质兰心的女子，有着共同的爱好，也能引起心灵上的共鸣。

不得已登上了皇位，李煜是一半欢喜一半忧愁。欢喜的是不用再受到父亲的管束和哥哥的"另眼相看"，他成为了南唐举足轻重的一位人物，过上了尽情享受美酒、歌舞和情意浓浓的生活。因此，夜以继日、通宵达旦地狂欢成了常事，他让后宫在很长一段日子成为了南唐最奢华的娱乐场所。

而令他忧愁的是，虽然在文学方面他要强于他的父亲李璟，可是，在治国上，他却和李璟相去甚远。想不出任何能够改善南唐状况的良策，只能不断地给赵匡胤"送礼"，来换取一时的安乐。

登基之初，李煜确实有一段时间在用心地治理国家，人都说，新官上任三把火，李煜也想用自己的实际行动来告诉人们——我也是有实力的。大臣张泌希望能以汉文帝为榜样，常以汉文帝的事迹激励这位刚刚登基、龙椅还没有坐热乎的皇帝。对于臣子的建议，李煜欣然采纳，他说："朕必善初而思终，卿无今直而后佞。"

可是，说实话，李煜真不是一个治理国家的好手，繁忙的政务、不断受威胁的局势让他心生倦意。不久之后，顿觉国事无聊的李煜，又回到了后宫享受悠闲的生活。政事，就像是一块大石头，时刻压得他喘不过气来。

纵情玩乐，谁都愿意，可是，强敌在邻，国家飘摇，皇帝这样做，臣子自然不依，于是，有人上表批评李煜。李煜一直是个好脾气的人，他没有像历史上有名的正德皇帝那样，把上表的臣子"一脚踢到阁楼上"，而是给予臣子奖励，可是，后宫中的舞宴照常举行。

纵情歌舞，欢宴达旦渐渐成为李煜的日常大事。在我的心中，李煜只是想逃避令他烦闷的现实，而逃避到哪里呢？自然他会选择自己驾轻就熟的娱乐活动上面。

可一国之君，就算是寄情酒宴，也会时时被上朝的钟声惊醒。"别殿遥闻箫鼓奏",李煜回过神,才发觉自己正盯着散落一地的花瓣出了神,他甩甩头,决定把让他头痛的政事扔在一旁。此时,他听到了远处的宫殿里传来的一阵阵箫声和鼓声,李煜知道,宫中通宵达旦的欢乐所并不止一处,他决定去看看。

在这途中,李煜倒是词性大发,他想记录这美好的时刻,该用哪个词牌呢?忽然,他想到了浣溪沙。

早前,父王李璟曾做了一首《摊破浣溪沙》:

手卷真珠上玉钩,依前春恨锁重楼。风里落花谁是主,思悠悠。
青鸟不传云外信,丁香空结雨中愁。回首绿波三峡暮,接天流。

想到这首词,李煜摇了摇头,他觉得,此时是欢快的时刻,与这首词凄婉、迷蒙的意境并不相符,他决定做一首与此不同的词。想着想着,他已经走到了宫殿的外面。

宫殿内传来的欢快的音乐,让李煜不禁会心一笑,他知道这首曲子,前些日子,大周后得到了烧槽琵琶,心中异常欢喜,爱不释手,更把大部分的精力都用在了练琴上面。

表露豪放,本不应该出现在大周后的身上,可是,得到烧槽琵琶后的大周后尽兴歌舞,时而邀请李煜同舞,时而婉转独舞。

发饰典雅、表情媚人、着装考究,此时此刻,大周后的一颦一笑都让李煜如痴如醉,欲罢不能。他清了清嗓子,掩饰着内心的激动,说:"如果你能在天亮的时候为我创作一支新曲,那么,为夫就为你编舞,可好?"

这样的称呼总会出现在他与大周后的对话中,与她相处的每一分每一秒,李煜都觉得,自己就是一个幸运的寻常男人,而不是南唐的国主。他在大周后面前也从不自称"朕",更不摆出一副生人莫近的样子来,大周后这般堪称完美的女子,是值得让他如珍宝般对待的。

"这有何难,一言为定。"随即,大周后便忙了起来,一边唤侍女拿来文房四宝,一边伏案沉思。每当李煜想一探究竟的时候,大周后就会叉起小蛮腰,装出一副娇蛮的样子,把李煜赶跑。

第二天,《邀醉舞破》和《恨来迟破》两首新曲就完成了,前者高亢欢快,而后者着重于抒情,异常舒缓。

这两首新曲,李煜更喜欢后者,《恨来迟破》比较适合独舞,他想看心爱的人儿曼妙的舞姿,此时此刻,其他的人已然在李煜的眼中成为了多余。

相对于李煜的欢喜,大周后更是感到甜蜜,没想到,自己能够得到皇帝的专宠。甜蜜的爱情,美满的婚姻,这是每一位女子都想得到的,而大周后得到了,真是羡煞旁人。

这个时期李煜的作品都是描写宫廷宴乐的欢乐生活,虽然描写宴乐的作品很多,但是我觉得,李煜的词作更胜一筹。用人的感受来贯穿全词,这是李煜所擅长的,更是他的词最出彩的地方,李煜在此处的成就和冯延巳有着不可分割的关系。冯延巳年长李煜三十四岁,是李煜的授业恩师。

黄庭坚认为李煜词作最佳的要数"问君能有几多愁,恰似一江春水向东流",而王安石却不然,他认为"细雨湿流光"更妙。

显然这是王安石张冠李戴,"细雨湿流光"即为冯延巳所作的《南乡子》:

> 细雨湿流光,芳草年年与恨长。烟锁凤楼无限事,茫茫。鸾镜鸳衾两断肠。魂梦任悠扬,睡起杨花满绣床。薄幸不来门半掩,斜阳。负你残春泪几行。

这首《南乡子》描写了一位青春萌动的少女,看着绵绵细雨想起了被淋湿了的时光,而时光无时无刻不在流泻,自己的青春呢?又能延续到何时?哀春,伤叹,只能留下几行无奈的泪水。

在冯延巳的词作中，我颇为喜欢这首《南乡子》，经常会想到，冯延巳词作的风格，是不是也像漫漫细雨那样，无声无息地浸入到了李煜的心田。恰好，李煜更是一位多愁善感、情感丰富之人。因此，很多脍炙人口的词作应运而生，或许这就是命中注定，是命运的安排，李煜，他不能成为一个称职的皇帝，反而在文学的道路上越走越远。

待踏马蹄清夜月

> 晚妆初了明肌雪，春殿嫔娥鱼贯列。
> 笙箫吹断水云开，重按霓裳歌遍彻。
> 临风谁更飘香屑，醉拍阑干情味切。
> 归时休放烛花红，待踏马蹄清夜月。
>
> ——《玉楼春》

"欢愉之辞难工，而穷苦之言易好也。"这是中国传统文学理论长久以来一直认为的。但是，令我欣喜的是，李煜打破了这一传统，在他的这首《玉楼春》中，却因为盎然的情趣，以美感人，以真动人，虽然表现的是一幅纵情享乐的画面，但并不显得淫荡、艳俗。这首词的每一句，展现的都是李煜的风流姿态，高雅不凡。

月圆之夜，在李煜看来，理应是热闹非凡的。这不，宫娥们已经为晚宴做好了准备，晚妆已毕，一个个青春面孔、光彩照人，此等天仙般的人儿，表演的歌舞怎会不精彩美妙？

宫娥们列队整齐，鱼贯而入，一个个都是美娇娘，让人觉得花团锦簇、分外妖娆，真是一件养眼的美事。

李煜知道，虽然宫娥们美艳动人，却不及大周后的万分之一。今晚的舞乐，从谱曲到编排，都是出自大周后的手。在这里，李煜再一次感叹，大周后真是一位蕙质兰心的可人儿。

舞乐开始了，乐工们竭尽所能，尽情演奏，随着乐声的不断上扬，李煜此时竟然神游了，本不该，在这样一个热闹的时刻。李煜觉得自己好像灵魂出窍了，悠闲地荡漾在水云之间，这种感觉美妙极了。李煜甚至觉得，这就是自己百般追求的生活。

宫娥们个个肌肤如雪，载歌载舞，舞姿优美得让人眼花缭乱，这音乐，更是让李煜得意的事情。它有个非常美丽的名字《霓裳羽衣曲》，这首曲子已经失传百年，而如今，又在南唐的后宫之中演奏，这让李煜兴奋万分。

《霓裳羽衣曲》本是盛唐时候的名曲，安史之乱后，此曲已经失传，李煜是爱曲之人，得到这首乐曲的残谱之后，也是十分欣喜。

关于这首曲子的来源，有着一个神奇的说法，一天，唐玄宗在梦中，与一道士到月宫中游玩，受到了仙女们的热情款待，她们为唐玄宗举行了一场歌舞盛宴。而这唐玄宗，据说也是一位音乐天才，在感叹仙界竟有如此美妙的乐曲之后，牢牢记住了这首曲子，梦醒了，他就把记忆中的曲子写了出来。经过一番排练之后，一场隆重的演出在长安城举行了，这首曲子引起了极大的轰动。可是，此后，发生了安史之乱，唐玄宗被赶出他的大明宫，也失去了他心爱的杨贵妃，对唐玄宗来说灾难还没有结束。在安史之乱平息后，唐玄宗失去了帝位，而这首《霓裳羽衣曲》也流落到民间。

李煜是一位爱书之人，偶然的一个机会，他得到了《霓裳羽衣曲》的残谱，欣喜若狂。而大周后，此时也发挥了她的音乐天赋，把这残谱中谬传的地方一一做了纠正，又组织宫娥们进行了排演，果然，效果甚好。他的心也或许能在这飘摇的舞姿里摇曳一阵。

拥有了大周后，李煜很知足，此时又重闻名曲，听得如痴如醉，无法自拔。

想当初，祖父把国号定为"唐"，想来也是希望有朝一日，能恢复盛唐的磅礴气势。而如今，李煜忘却了令他烦恼的政事，有种错觉，仿佛回到了盛唐。天下太平，没有内忧，更无外患，一想到这些，李煜觉得仿佛置身在美好的梦境。

当初，唐玄宗拥有了杨玉环，而此时，李煜，身边也有完美的大周后为伴。似乎是这首千古传诵的曲子把李煜、大周后和唐玄宗、杨玉环牵在了一起。的确，在戏曲中，总会有演绎不完的故事，那些爱与哀愁，经常会让人沉浸在这些美好之中。

没有哪一个人会质疑戏曲中故事的真实性，人们甘愿相信那些都是真实的，这样，就可以短暂回避令人痛苦的现实。

《霓裳羽衣曲》，虽然今天的我们没有这个福分听到它，但是完全可以想象这个历经千秋万载记录下来的爱情故事。人们的内心，总是愿意相信美好的事物，因为这首曲子，没有人再去计较杨贵妃是否为人们所不齿的"红颜祸水"，抑或也忘记了，唐玄宗的"因色误国"，所有不完美，人们已经刻意忘记了，而只记住了两人的"七月七日长生殿"的爱情誓言。在这个爱情故事里，唐玄宗不再是身居帝位的人，而杨玉环也不是一位倾城佳人，他们两个人，只是一对普通的恋人。而恋人之间所做的一切都不为过。

李煜的思绪仍旧在这首曲子中徜徉，他想起了有关这首曲子的传说，不禁在思考，那些长袖如风的宫娥，是为了心中的谁才这样毫无顾忌地抛洒着自己的青春，想必，其中也充满了孤寂吧。

而当年的月宫中，那些衣袂蹁跹的仙女，是否也有人怜惜她们。广寒宫，听到这个名字，就让人心中不禁泛寒，而那些仙女，是怎么度过一个又一个无穷无尽的漫漫长夜的？也许，在如星月般婉转的眼神中，流露的，也是无奈的愁绪吧，为了心中虚拟的一个人，启朱唇，低垂泪，斯人独憔悴。

此时，中秋月圆之际，人世间，人们都在竭尽所能地做些团圆之事，那些身居广寒宫的仙女，是否也在寂寞地歌舞，为了这月圆之夜，再展欢颜。

如水的双眸，轻盈的舞姿，泛着香味的桂花酒，也许，连《霓裳羽衣曲》都沾染了一些醉意。

虽然和唐玄宗有着很多相似之处，但是，李煜觉得，自己并不羡慕唐玄宗，诚然，唐玄宗身边有个杨玉环，但是，自己身边也有一位蕙质兰心的大周后。在李煜的心中，此女子一点儿也不比杨玉环差，李煜只想珍惜现在上天给予他的幸福，不想像唐明皇那样，失去杨玉环后，每天被悔恨所困扰，也不想在梦中重续姻缘。

这首词的上阕，极尽欢愉之所能，而下阕，却是让人眼前一亮。

"临风谁更飘香屑，醉拍阑干情未切。"从出生以来，李煜就在宫中生活，有数也数不清的娱乐方式让李煜享受。在宫中，"有主香宫女，其焚香之器曰把子莲、三云凤、折腰狮子……凡数十种，金玉为之"，据史书记载，宫中既便是焚香器具都有如此详细的分类，可见这宫中的生活有多尊贵奢华。可惬意的生活，却不一定能赢得一颗快乐的心。

主香宫女已经把混有百合的香屑扬起，香屑随风飘洒，不远处，李煜闻香但却不见扬香之人，虽然他深知是谁所为，但是仍然调皮地问："临风谁更飘香屑？"显然，李煜的兴致很高，虽然，此句充满了调皮之意，无理，但是，我想，它充满了感情，让我这个局外人都仿佛闻到了空中隐隐的香味，就像他接下来所说的那样，"醉拍阑干情未切"。显然，李煜有些微醺，酒精促使李煜更加快乐，也更愿意纵情到这无边的欢乐中来。

李煜微醺，面颊稍显红润，美酒让他很兴奋，兴奋得有些忘形，忍不住拍打着栏杆。一阵香风吹过，李煜深吸了一口气，闭着眼睛，陶醉在这无边的香味中。这阵香风吹起了李煜的头发，此时，此刻，此景，此情，让他更显神采飞扬。

天下无不散之宴席，即使给予了人们再大的欢愉，这歌舞酒宴也要进入尾声，无论是谁，到此时，脸上还有着忘情的微笑，而思绪，仍旧陶醉在美妙的音乐中。

人们都醉了，醉的不全是美酒，更多的则是这无边的月色和美妙的音乐，李煜笑着说："夜深了，大家散了吧，我与大周后要骑马回宫了。"

说罢，起身上马，随着马蹄的声音，和着清明的夜月，在繁华初歇之际，伴着仍旧飘香的微风，为这次宴会画上一个圆满的句号。

"归时休放烛花红，待踏马蹄清夜月"，我想，也只有像李煜这样才情并茂的人，才能有如此情趣，让这首描写宫廷生活的词作雅而不俗。

他的词作，充满了真性情，哀伤便哭，高兴便笑，这也是他为人处世的独特之道吧。在五代时期，词作大多抒发的是郁闷之情，很难有几首表现欢愉的词作，即使有，想必在词人的内心深处，更多的还是颇有些苦楚的。而李煜的这首词就与之不同，这首词被人称为名副其实的"欢乐颂"，有很强的纪实性和真实感。

很多时候，李煜通过他的词作，给人一种耳目一新的感觉。其间充斥着一种忘情的快乐，忘记了世间所有不如意，全身心地投入到这欢愉的盛会当中去。归根结底，李煜就是另类，在这个时期，他是当时文坛上的另类。虽然此时，李煜并没有经受国破家亡，成为俘虏的悲惨遭遇，也吟唱不出"恰似一江春水向东流"的惆怅与哀怨，精神世界的贫乏并不能抹杀作品在美感和性灵方面的成绩。用"香色无边"来形容它并不为过，斗胆为之断言，李煜这个时期的词作，是当时词坛之中少有的一抹香色。

夜长人奈何

《长相思》，单看这充满了相思意味的词牌，顿时就觉得很惆怅。想来，这世间，相思最让人断肠。在步入正题之前，我想先说一说其他的《长相思》。除却李煜的两首《长相思》，写过《长相思》这个著名词牌的作者还有纳兰性德、白居易、晏几道、李白等等。

词牌来源于《古诗·孟冬寒气至》中所说：上言长相思，下言久别离。自认为，这里的说法十分贴切，尝遍了离别的痛苦，才能日思、夜思，充满了相思之意。

人都说，相思是人类最为普遍的感情，更是历代词人争相歌咏的题材。在相思之作中，除去李煜的两首，我对纳兰性德、李白、白居易的《长相思》也甚是喜欢。

  山一程，水一程。身向榆关那畔行，夜深千帐灯。
  风一更，雪一更。聒碎乡心梦不成，故园无此声。

这是纳兰性德的《长相思》，写于清寒的时节，在万丈穹庐下安排的营帐，看上去就像繁星落地一般，异常璀璨。

词人身为侍卫,常年会在出塞的路上奔波,而帐外的风声雪声,更是勾起了词人对"故园"的思念。

纳兰性德的词在细腻的感情中尽显非凡,虽然缠绵,但却不颓废,慷慨报国之志在男儿的柔情中展现出来。

汴水流,泗水流。流到瓜洲古渡头,吴山点点愁。
思悠悠,恨悠悠。恨到归时方始休,月明人倚楼。

这是属于白居易的《长相思》。

相思,是人类无法承受,又不能不承受的重。时间久了,悠悠的相思,竟也生出丝丝的恨来。这恨,更多的是怨,只有心中的人儿回到自己的面前,才能消止,这就是相思的人心中真实的想法,突然想起《诗·郑风·子衿》中所说:

青青子衿,悠悠我心。纵我不往,子宁不嗣音?青青子佩,悠悠我思。
纵我不往,子宁不来?挑兮达兮,在城阙兮。一日不见,如三月兮。

也许,只有相思的人儿,才能体会一日不见如隔三秋的痛吧。

把李煜的两首《长相思》放在一起,个人认为,虽然这两首相思之词,对象并不相同,可是,同样表达了李煜的一腔悠悠的相思苦楚。因此,个人觉得,世间所有相思皆是相同的。

也许是因为自己是女性的关系,我更喜欢《长相思》的第二首。因为这首词是李煜专门写给大周后的相思之词。

云一涡,玉一梭。淡淡衫儿薄薄罗,轻颦双黛螺。
秋风多,雨相和。帘外芭蕉三两窠,夜长人奈何。

人都说，大周后胜于容貌。可是，我想，在美貌下面，更为重要的是，大周后还有一颗七窍玲珑心，这样的女子才能是使李煜一见倾心的人儿。时间太过于久远，历史没有留下大周后的一幅画像，可是，在我的想象中，大周后是一个天仙般的女子，也许，只有顾恺之的《洛神赋图》中的洛神，才能描述出大周后的神姿——凤眼星眸、玉洁冰清、皓齿朱唇、神秀骨清，无论是淡扫蛾眉，抑或是浓施粉黛，都让人顾盼不暇。

人都说，人生三大幸事之一——洞房花烛夜，即为李煜和大周后定情之时。大周后，这样一位倾国倾城的美女，给李煜留下了难以磨灭的印象，一颦一笑，举手投足间，皆充满了无限的风情。李煜为之痴迷。我想，世间的男子，如若遇到一位如大周般天仙的人儿，都会情不自禁，意乱情迷的吧，即使同为女子的我，竟然也在脑海之中想象大周后的神姿，心中没有一丝嫉妒。

婚后李煜与大周后开始了甜蜜的生活，即使朝夕相处，竟也不觉得厌烦。

大周后的容貌已经深深地印在了李煜的心里，即使分开片刻，李煜的脑海中依然会有大周后的身影。

大周后回娘家省亲，这本是再平常不过的事情，可是，对于陷入爱河的李煜来说，即使短暂的分开，也是十分痛苦的，真真应了至尊宝的那一句话"长夜漫漫无心睡眠"。

我总认为，李煜之于唐玄宗，大周后之于杨玉环，皆有着不可言说的相似之处，白居易在《长恨歌》中描述：

天生丽质难自弃，一朝选在君王侧。回眸一笑百媚生，六宫粉黛无颜色。春寒赐浴华清池，温泉水滑洗凝脂。侍儿扶起娇无力，始是新承恩泽时。云鬓花颜金步摇，芙蓉帐暖度春宵。

虽然，这是白居易在《长恨歌》中描写的唐玄宗和杨玉环的爱情故事，但是，我想，这也足以概括李煜与大周后之间的浓厚感情。

也许上苍并没有亏待李煜，他虽然算不上一位合格的君主，但是，他却有一位知心爱人。即使是现在，"执子之手，与子偕老"，也是每一位心中有爱之人所追求的终极目标。这算得上人生的一大幸事。在情浓之际，缠绵悱恻之时，想必李煜和大周后，分别许下了"在天愿作比翼鸟，在地愿为连理枝"的共同愿望。

"淡淡衫儿薄薄罗，轻颦双黛螺。"这是大周后在回家省亲时的装束，本来就拥有超凡脱俗的美貌容颜，再加上女儿家淡淡的胭脂香，都是让李煜怀念的事情。白天还好，对于李煜来说，夜晚恐怕是最难熬的吧。寂寥的长夜，无心睡眠的人儿，内心充满了相思之意。如若遇到一个晴朗的夜空还好，天空中的点点繁星，也许能缓解李煜内心的相思。可是，偏偏在这个夜晚，竟然下起了雨，真是天公不作美。

淅淅沥沥的雨，拍打着帘外的芭蕉，在夜深人静的时刻，怎会不让人想起心中的爱人，好像世间一切的寂寥之物都聚在了一起。刮起一阵凉风，这丝毫不能吹散李煜心中浓郁的相思之苦，反而使这寂寞的相思更为浓郁。

李煜就是这样，虽然是与爱人短暂分离，在他的笔下，竟也生出几许的忧愁。这是情浓时分的分离，我想，也总比生离死别强。苏轼在《江城子》中悼念亡妻：

十年生死两茫茫。不思量。自难忘。千里孤坟，无处话凄凉。纵使相逢应不识，尘满面，鬓如霜。

夜来幽梦忽还乡。小轩窗。正梳妆。相顾无言，惟有泪千行。料得年年肠断处，明月夜，短松冈。

与生死相别做对比，李煜和大周后的分别似乎不值得一提，可就是这人们看来的寻常之事，李煜赋予了浓郁的相思之意，真可谓"入我相思门，知我相思苦。长相思兮长相忆，短相思兮无穷极。早知如此绊人心，何如当初莫相识"。

这是李白对于相思的理解，无论是长相思，还是短相思，都是如此断肠，牵绊着有情人的心，"何如当初莫相识"，这真是相思之人的真实想法吗？如果时间真能回到相遇之初，我想，拥有了完美爱情的每一个人，都是心甘如饴的。相思苦，可是，隐藏在相思背后的却是真挚的感情，因此，短暂的相思之苦，只能承受。

大周后省亲是这样，在南唐保大十四年（956年），后周发兵直奔淮南，此时，李煜身为皇子，被任命为沿江巡抚使，奔赴淮南，日夜巡江。这次分别，不同于往日，即使与大周后近在咫尺，却因为国事而很难有见面的机会。

李煜有一个很好的习惯，每当春暖花开之际，都要微服远行，或拜访名山大川，或与当时的文人以词会友。婚后，李煜延续了他的这一习惯，把相思之苦留给了大周后。

抒发相思之情的词作太多了，任谁都无法——列举出来，我想，归其原因，在于人类的感情纷繁复杂，而表现的相思之意，当然会不同。

相对于第二首《长相思》，李煜的第一首则显得颇有些沉重。

> 一重山，两重山。山远天高烟水寒，相思枫叶丹。
> 菊花开，菊花残。塞雁高飞人未还，一帘风月闲。

关于这首《长相思》，世人有两种说法，即写给李煜心中相思的人——大周后，也有人说，此词是写给从善的。

此时，李煜并不感到轻松，内忧外患，至亲的人并不在身边，多愁善感的李煜，心中承载的悲伤和愁苦是无法言说的。很多时候，李煜都会凭栏远眺，可是，谁都知道，还是无法排解心中的忧愁。

"一重山，两重山，山远天高烟水寒。"平日里，山远天高，会给人一种辽阔无边的感觉，心中颇为畅快，可是，面对此情此景，李煜的心中竟然产生了浓郁的怨恨之情。

重重叠叠的山峰，望也望不到边。不知何时，身边的景色发生了极大的变化，暗淡、萧索、茫然、凄清，这些让人心生悲叹的词语，竟然与眼前的景色有着极大的共鸣。

人常道，万里悲秋，层峦叠嶂，不正像词人心中的相思之情那样延绵不绝吗？望也望不到边的天，不正像无际无涯的相思吗？只要一想，怎么不让人愁煞心头呢？

烟雾深锁的水面，虽然平静，但是，私下里，一定也拥有了波涛汹涌的浪花，想来，李煜眼中所见的景物，无论哪一件，都足以映射出他心中的相思之苦。

时间就在这无边无际的相思过程中流逝了，转眼间，已经到了深秋，枫叶红了。面对如此的美景，李煜心中感觉不到丝毫的欣喜，反而觉得，这红叶，无论如何也比不过自己的相思之苦，真可谓，山重重，水重重，思重重，而思念，衍生出来的恨，竟也悠悠，延绵不绝。

心中浓郁的相思之意无法排遣，本想借着欣赏秋景之际，散散心。哪承想，这秋景，也有一种足以使人窒息的压抑。

李煜抬头远望，看到了枫林，如血般深红，而这红色，正是导火线，点燃了李煜心中浓郁的相思和无边无际的悲伤感情。

时光易逝，花开花谢，相思之人愁断肠。大雁飞还，可为何，远方的人儿归期不定？无法把握的事情最让人烦心，表面上，人静帘闲，可是，饱受思念之苦的人儿，内心澎湃的思念之情，又有谁能够知道呢？这是无法与外人言说的愁绪，只能憋闷在心底，任其深藏，直至腐烂。

词中所提到的景物，无论是远山，还是高天，抑或是秋水、寒烟，无时无刻不提醒着读这首词的人儿，词人的相思之情是多么的延绵不绝，而这种气氛的渲染，真可谓出神入化、情景交融。

诚然，景是远景，情也非近情，但是，每一个有血有肉、有着丰富感情的人把一腔的悲情寄寓在绵延的秋景中。然而，总归有一日，要回归自身，而此时，切肤之痛又是哪一个寻常人所能忍受得了的。

在李煜的心中，相思如同枫叶这般，如血一般颜色，生生要灼伤人的心灵，而相思，又像秋日里的菊花，每一丝，每一缕，都被他写满了愁绪。

日日，年年，岁岁，朝朝，虽然每一年的景色都有差别，可是，这在李煜的眼中，却有着惊人的相似，这是因为，年复一年的失望，引来年复一年的相思。这种愁煞人的相思，让人不禁感叹，菊落、雁去、人未还，心中的希望为哪般？只留下一腔相思之情，在寂寥的秋景中，越发显得哀怨，虽令人回味，但是，却也使人断肠。

秦楼不见吹箫女

"谢新恩",这是一个不太常见的词牌,除去李煜之外,别的词人未曾填过这首曲子。另外,李煜所作的这几首《谢新恩》每一首都不尽相同。

其中的几首和"临江仙"这一词牌的风格颇为相似,而其他几首却与之有着很大的差异,因此有人说,"谢新恩"是"临江仙"的别称。

我倒希望"谢新恩"是偏离"临江仙"外的另外的词牌,在我看来,"谢新恩"这个词牌宫闱脂粉的味道很浓,而"临江仙"倒显得颇具飘逸之感,风格迥异,实在是表现不同主题的最佳选择。

人生不如意之事十有八九,虽然李煜和大周后婚后过着甜蜜的生活,但是,幸福对于李煜,竟是十分短暂的,就像是烟火一般,虽然绚烂,却也是转眼一瞬间的事情。

秦楼不见吹箫女,空余上苑风光。粉英金蕊自低昂。东风恼我,才发一衿香。

琼窗梦醒留残日,当年得恨何长。碧阑干外映垂杨。暂时相见,如梦懒思量。

这首《谢新恩》是首悼亡词，悼亡的对象，自然是天仙般的大周后，也许是美貌与智慧并重，因此，上天颇为嫉妒，于是，这位天仙般的人儿，最终回到了天庭，继续过着神仙般的日子。大周后的英年早逝，带给李煜的，却不是简单的伤痛。

最初，李煜就习惯用"伤在最浅处，而痛在最深处"的句子表达他的感受，综观李煜的所有词作，缅怀帝王生活且怀念故国的词句居多，这首《谢新恩》则是缅怀故人，因此，在李煜为数不多的词作中，倒也显得有些特别。

大周后的美好，很多文章一直在说，因此，在这里不想再多做描述。我一直坚信，大周后对于李煜，算得上是幸福的源泉。曾经的伉俪情深只存在了短暂的十年，十年后，天人两隔。

李煜与大周后，算得上神仙眷侣，即使放在现在，也应该是异常恩爱的一对璧人。在词作的开始，他引用了一个典故，即萧史弄玉。据《列仙传》记载："萧史者，秦穆公时人也。善吹箫，能致孔雀、白鹤于庭。穆公有女字弄玉，好之，公遂以女妻焉。日教弄玉作凤鸣。居数年，吹似凤声，凤凰来止其屋。公为作凤台。夫妇止其上，不下数年。一旦，皆随凤凰飞去。"

为了女儿的喜好，秦穆公为之建造了"凤楼"，后来，这一对璧人竟然乘凤仙去。从那以后，凤楼就因此成为了空楼，而秦穆公经常看着凤楼，思念女儿。这凤楼，后来成为"睹物思人"的最佳凭证。

每当读起这首词的时候，心中总是会揣测，"睹物思人"这一词语，此时此刻，应该是李煜心情的最佳写照吧。

弄玉早已乘着凤凰离开了"凤楼"，而大周后曾经居住的上苑如今也人去楼空，只留下李煜，这个伤心人独自孤寂与惆怅。

乾德二年（964年）初冬时节，刚刚继位三年的李煜忧心忡忡，大周后染病，卧床不起。后来，次子仲宣不慎夭折，沉重的打击，瞬间击垮了大周后。刚刚二十九岁的年纪，就已仙去。

"悼痛伤悲,哽躄几绝者数四,将赴井,救之获免。"是李煜在大周后仙逝后悲恸欲绝的表现。就李煜而言,他失去的不仅是心爱的妻子,还失去了一个善良懂事的孩子。

说起仲宣的死,让宫人们无不感觉到祸从天降。为了大周后能够早日康复,年仅四岁的仲宣到寂静的佛堂祈祷,正当他跪在蒲团上磕头祈祷之际,一只猫蹿上了悬挂在高处的琉璃灯。这琉璃灯悬得不牢,在这只猫蹿上之际,与其一同掉落,真真把仲宣这个四岁的孩童吓得失魂落魄。从那时起,仲宣就同大周后一般,卧病在床,不久就离开了人世。

　　永念难消释,孤怀痛自嗟。雨深秋寂莫,愁引病增加。咽绝风前思,昏濛眼上花。空王应念我,穷子正迷家。

　　呜呼!庭兰伊何,方春而零。掌珠伊何,在玩而倾。珠沉媚泽,兰陨芳馨。人犹沮恨,我若为情?萧萧极野,寂寂重扃。与子长诀,挥涕吞声。噫嘻,哀哉!

此乃李煜在悲恸欲绝之际为仲宣所作的悼诗、祭文。

本想把这个消息封锁,避免大周后的病加重,李煜没有把仲宣已经死去的消息告诉她。可是,人道是,没有不透风的墙,不知怎的,大周后知道幼子已经去世。在临终之际,她对李煜说:"婢子多幸,托质君门,冒宠乘华,凡十载矣。女子之荣,莫过于此。所不足者子殇身殁,无以报德。"并吩咐宫女,请求李煜,为其薄葬。李煜是重情之人,这是毋庸置疑的事情。在这里,不想赘述李煜到底悲痛到了何种地步,李煜并没有按照大周后的遗言为其薄葬,而是隆重地举行了大周后的葬礼。

美好的人儿已经归于尘土,而活在世上的人却每时每刻忍受着痛苦的煎熬。约臂玉环、烧槽琵琶,每一件充满了美好回忆的事物,李煜全都亲手放到了大周后的身边。虽说是男儿有泪不轻弹，但也只是未到伤心处。李煜，正在经历让他心碎的时刻，每每都会伤心得不能自已，他多么想伏在大周后的身上痛哭失声啊，可是，仅剩的理智告诉他，自己不能这样做，终归，李煜还是一个凡人，虽然有着比一般人更为细腻而真挚的感情。君王的身份告诉他，自己不能这样做，真是一件讽刺的事情。君王，乃是天下的王者，他拥有这世间最至高无上的权力，可也因是君王，连伴侣的葬礼都要遵守礼节，不能把自己痛彻心扉的哀伤全部表现出来。如此的无奈，是化解不开的哀伤。

　　李煜似乎是想把被俗世束缚的感情统统用他的文字表现出来，为亡妻抒写了一篇《昭惠周后诔》。李煜的文采无可挑剔，令我感到心碎的是，在这篇诔文的结尾，李煜自称"鳏夫煜"，我想，这足以看出李煜对于大周后的感情。

　　十年相亲相爱的日子，让李煜终身难忘，也许对他来说，这也是日后经常回忆的美好往事。这个有着娇美姿容、端庄美丽的人儿，值得他这样对待，而在诔文中接连十四次使用"呜呼哀哉"这样的感叹词，把李煜对大周后的深沉感情推向了高潮。

　　大周后去世后的很长一段时间里，"鳏夫煜"，请允许我在这里这样称呼他，每日郁郁寡欢，强烈的失落感充斥着他的内心。一个多情郎，失去爱侣，在他心底，便是伤痛。

　　也许有的时候，李煜也想从这种伤痛中抽出身来，可现实却并不允许他这样做，宫中的每一处，都有与大周后共同生活的痕迹。

　　他想忘却这彻骨的悲痛，不是因为他撇下了大周后，而是，这痛苦的感觉太强烈，以至于让人不由得心生退缩之意，往事真是那么容易忘却的吗？当然不是，更不用说如此美好的回忆了。

　　每当李煜心烦意乱的时候，总会不自觉地走到御花园，形单影只，这更令李煜痛苦。也许，外表和往常一样风光，可是，又有谁能够知道，每当走到这里，都会想到大周后，这感觉异常真实，好像大周后从没有离开过一样。

无数个夜晚,李煜都在睡梦中惊醒,在梦中,李煜重新体会到了幸福的感觉。可幸福总是短暂的,梦幻,让他流连,不想回到现实中来,只是因为现实之中没有大周后的陪伴,而梦,能将他成全。

从梦中惊醒后,李煜脑海中总会想到窗外那记忆中被斜阳映照的垂杨柳,再也无法入睡。不自觉地起身,走进瑶光殿,这是大周后生前居住的地方,抚摸这房间里的每一处,仿佛都会听到大周后动听的笑声,这种感觉太过于真实。恍惚间,李煜觉得大周后袅娜的身体正在向他慢慢靠拢,而衣衫上散发的清香,也随处可以嗅到。纤纤玉指,李煜都能够感觉到,体温依然如故,让人沉醉,明知道这是幻觉,可是,谁又有那超乎常人般的毅力,不沉醉其中呢?

屋内的每一处摆设,都如同大周后在世时一样,每一件东西,都有属于它自己的回忆。这琵琶,承载了十年中多少的欢乐时光,《霓裳羽衣曲》更是让李煜心碎不已。他本想让这些回忆尘封,可是,他不忍心忘记过去,这是多么残忍的做法,无法抑制自己的感情,李煜写下了《书琵琶背》:

侁自肩如削,难胜数缕绦。天香留凤尾,余暖在檀槽。

李煜甚至不能在这屋内长久地停留,可是,他抑制不住自己的感情,就连几案上摆着的素巾,也激起了他的回忆。

李煜情不自禁,俯下身去深深地嗅了嗅素巾,好像闻到了大周后香汗的味道。这怎么能让李煜相信?他又不自觉嗅了好久,这才依依不舍地放下素巾。李煜觉得,大周后的每一件东西,都有着她的印记,于是,《书灵筵手巾》应运而生:浮生苦憔悴,壮岁失婵娟。汗手遗香渍,痕眉染黛烟。

李煜悲痛得不能自已,而隔了千年后的后人,每当遐想李煜的这段人生经历时,也会感觉心中隐隐作痛。在我看来,李煜是坚强的。我没有他那样出色的文采,即使相同的经历,我也不如他那般坚强,只能像只鸵鸟一样,把头深深地埋在沙土中，自欺欺人，逃避这种悲伤。

对李煜来说，这段经历让人印象深刻。

这相思，像夜来幽雨，缠缠绵绵地进入了梦乡，即使春天还没有结束，可人的思绪，已经百转千回。

如果相思的人还在，这相思只是有了空间的距离，还可以慰藉心中的愁绪，但是，斯人已逝，这相思，也只能用延绵不断的时间来自我折磨，直至自己也进入了坟墓。

综观李煜的所有词作，皆离不开梦境。因为对他来说，梦境是逃避现实的最佳方法。这首《谢新恩》也是如此，虽然他没有提到梦中的事物，但从梦中醒来后，惆怅的人儿，倚窗而立，在李煜的眼中，窗棂上似乎还残留着斜阳照射过的痕迹。这足以折射出李煜的梦境，也只是一个自欺欺人的幻想罢了。

这世间的事皆是如此，如果把它们想得过于美好，往往这种美好却是十分脆弱的，经不起一点儿考验。大周后的离世，对于李煜，是无边无际的悲伤。先一步离开的人总是走得那般潇洒，而剩下的那一个，只能形单影只，生不如死。此时，窗外风光正好，几缕阳光透过玻璃窗照在我的身上，本应该是件温暖的事，但是我偏偏觉得遍体冰冷。这冰冷感觉，不是猛然间才体会的，而是慢慢地，在不知不觉间，冷得深入骨髓。

到此时，我这才明白，"直教人生死相许"的爱情，并非两个人一起死。而是一个人死了，剩下的那一个替他活着。只因，你是我唯一的信仰。又一次想到了苏轼的《江城子》：十年生死两茫茫。不思量。自难忘，千里孤坟，无处话凄凉。

就让我这茫茫的隔世思念，得一个永生。

何处相思苦？纱窗醉梦中

距离大周后仙去，已经有些日子了，可是，宫中仍没有脱离这片愁云。这段日子，用"生不如死"，才可以形容李煜的生活。

无论在何种境地，人都要为自己寻找一条出路，而此时，文学创作成为了李煜的精神寄托。虽然这是李煜一直以来所擅长的，可是，谁又能了解他心中的痛呢。现实就是如此，只有亲身经历了，才能体会其中的痛苦或欢愉。

骨肉、伴侣离他而去，荣华富贵，又算得了什么呢。当真应了现在流行的话——"神马都是浮云"。

一直以来，虽然李煜生在帝王之家，但是，他并没有多么重视物质生活。他一心想要追求，并且一直在付诸行动的，都是精神世界的追求。

爱侣的离开，带给他深切的悲痛，即便以后的生活一帆风顺，我想，大周后都会是李煜心中永远的痛，而直到死，李煜也会在心中为其保留一个位置。

李煜的几首《谢新恩》，似乎都与大周后有关，无论是哪种形式的思念，我都愿意相信，李煜心中相思的人儿，是已经故去的大周后。

> 樱花落尽阶前月，象床愁倚薰笼。远似去年今日，恨还同。
> 双鬟不整云憔悴，泪沾红抹胸。何处相思苦，纱窗醉梦中。
>
> ——《谢新恩》

窗外的樱花已然落尽，这代表的只有一件事——春天过去了。虽然春天的脚步渐渐走远，可夜晚，阶前的明月却似乎还是当年的那一个。

　　天上的明月依旧圆，可地下的人儿，为何会形单影只，独自一人饱尝孤独？真真是一件残酷的事情，人常说，悲剧就是把美好的事物毁灭给人看。而李煜，这个伤心的人儿，如今也沦为了这场悲剧的主人公。

　　清冷的月光，使人不自觉地感到寒冷，眉头紧皱，这似乎成为了李煜的唯一表情。愁眉不展，根本不能代表什么，可李煜总是会不自觉地这样做。

　　现实是残酷的，可是此时，就连月亮也是如此不近人情，把它清冷的月光洒在了象牙床上，虽然这象牙床是用香炉熏过的，可这又有什么用呢？如果放在从前，也许能称得上是小情趣，然而在现在，只不过让人徒生伤感罢了。

　　过去的愁思还没有找到解决的办法，而如今，新的愁思又一齐涌上心头，让人无奈。更甚者，现实对词人的折磨好似没有尽头，旧愁、新愁，如今一齐涌上心头。当真是旧愁未平，又添新愁，两愁并不能相抵，只会随着时间的推移，让愁绪来得更猛烈些。

　　思念的人儿已经永远地离去，恍惚间，李煜竟然觉得自己就是曾经在宫中思念自己的大周后，真是讽刺。当年，大周后对自己的思念，可谓有尽头，而如今，自己只能凭借着往日生活的点滴来思念她了。

　　斯人已去，万事皆空。当年的这个女子，形容惨淡，无心梳妆，发髻不整，哪来心思整理呢？思念的人儿未归，自己盛装打扮又有谁来看？

　　相思之苦，无人与之言说。潸然泪下，打湿了衣襟，即使如此，仍旧无人怜惜，无人慰藉。

　　常听人说，梦境可是个好东西，它可以让无法达成的愿望成为现实，只能这样了，在梦中与思念的人儿相会。

　　这种寄托于虚幻的愿望，得来的幸福亦是短暂的。当美梦看似成真，一觉醒来，对于充满了相思的人儿来说，真是一种解脱吗？我看未必。梦中片刻的欢愉，换来的是梦醒后的凄惘难耐，失望是必然的，这比在现实中感到的孤独更让人伤感。此刻，梦境无法慰藉，反而成为了莫大的讽刺，真真令人叹息。

清冷的月光，本来就会让人心生叹息，更何况花将落尽春将去，只剩下伤心的人儿独自凄冷孤寂。

满地的落花，当空的冷月，这是让人伤怀的景象，时间越长，相思越久，而与此同时，产生的别恨也就越让人心碎。

相思，让人忘记了梳妆打扮，以至于世上的一切。人常说，女为悦己者容，我说，人为相思者苦。

思念的人儿不在身边，越思越痛，越痛越愁，而愁苦定会让相思的人儿潸然泪下。

也许旁人看来，相思无解，可就相思的人儿来说，除却梦境，清酒也算是一个解脱。一醉解千愁，这是流传了千百年的话，可是人都知道，借酒消愁愁更愁。

梦境与清酒，是失意的人永远离不了的道具，沉浸在短暂的欢愉里有何用，不但不能起到丝毫慰藉的作用，反而会凭空添置许多新愁。

何处相思苦，最苦的是哪一处相思，是哪一种情形呢？我想，经历过相思之苦的人都知道，只要是相思，根本就是一道无解的题。

千百年，多少人陷在这里无法自拔，虽然衍生出很多千古绝唱，在这些真情背后，经历者又遭受了多少情感上的折磨？

说我胆小也好，言我懦弱也罢，与其饱受相思之苦，不如做一个再平常不过的凡夫俗子，就这样，自自在在地生活下去，不受情感的折磨。显然，谁都知道，这只是一种奢望。

愁恨年年长相似

又是重阳,思念的愁,在爱的荒原里疯长。

《易经》中,把"六"这个数字定位阴数,而把"九"这个数字定位阳数。九月初九,两九聚在了一起,故而古人谓之名曰:重阳,抑或重九。

春秋战国时期,《楚辞》中已经对重阳有所记载,在《楚辞·远游》中记载:"集重阳入帝宫兮,造旬始而观清都。"这里提到的"重阳"还没有指节日,而是农历九月初九这一天。到了三国时期,魏文帝在《九日与钟繇书》记载:"岁往月来,忽复九月九日。九为阳数,而日月并应,俗嘉其名,以为宜于长久,故以享宴高会。"

重阳节和历史上很多传统节日相同,它有着属于自己的传说。

东汉时期,汝河之中出现了一个瘟魔,每一户人家都会有人因瘟魔的出现而病倒,抑或丧命。青年恒景的父母就是在瘟疫中丢了性命,而恒景自己,也差点追随父母而去。病愈后,恒景辞别妻子,踏上了上山访仙学艺的道路,立志为父老乡亲除去这个瘟魔。

路途的艰险没有让恒景停下的脚步,他访遍各地的名山高士,几经辗转,终于得知,在山上有一位法力无边的仙长,拥有除掉瘟魔的高超法力。而这位仙长终被恒景的精神所感动,倾囊相授。恒景废寝忘食地苦练,终于学有所成。

待到九月初八，仙长对恒景说，九月初九，是瘟魔出来作恶的日子，既然学有所成，是时候为民除害了。将一包茱萸叶，一盅菊花酒，赠与恒景，并让仙鹤带他回家。到了九月初九这一天，瘟魔果然冲出汝河，准备扑下山作恶，当瘟魔闻到茱萸发出的阵阵奇香和菊花酒的酒气，便戛然止步，不敢向前，而恒景趁机用宝剑把瘟魔刺死。从这以后，九月初九，登高避疫的习俗便一年一年被传承了下来。

历史上，词人多以节日为主题创作，而关于重阳节的词作更是举不胜举。

九月九日忆山东兄弟（唐 王维）

独在异乡为异客，每逢佳节倍思亲。

遥知兄弟登高处，遍插茱萸少一人。

醉花阴·重阳（宋 李清照）

薄雾浓云愁永昼。瑞脑消金兽。佳节又重阳，玉枕纱厨，半夜凉初透。

东篱把酒黄昏后。有暗香盈袖。莫道不消魂。帘卷西风，人比黄花瘦。

每逢节日，必要与家人团聚过节，这是自古以来形成的风俗习惯，而在重阳节这一天，如若身边缺少了这一人，作品中必然会充满了相思之意。

冉冉秋光留不住，满阶红叶暮。又是过重阳，台榭登临处，茱萸香坠。

紫菊气，飘庭户，晚烟笼细雨。雍雍新雁咽寒声，愁恨年年长相似。

——《谢新恩》

李煜的这首《谢新恩》便是如此。九月初九，意味着秋天的脚步渐渐走远，而此时，也泛起了秋愁，秋光并不会因为人们的留恋而停滞不前，转眼之间，已经到了暮秋时分。这个时节，本来就让人心生凄凉，可是此时，树上的红叶偏偏凑起了热闹，飘落满地。赏紫菊、佩茱萸，这是年年都不忘做的事情，菊花的香气，也如往年一般，散布在庭院的各处。

相思泛起，只因为身边少了一个重要的人，伤感也随之充斥着全身。

此时，如丝般的秋雨朦胧地下了起来，秋雁悲鸣，这是多么明显的暮秋景象啊，年年如此，今年更是这般。可是，这愁绪，竟然也同秋景，年年都来侵袭，并没有因为词人时时泛着愁绪而减少半分。

照例登高望远，得到的，也只不过和往年一样，这惆怅的景致，为何跟往年一样。也许，这是命运的安排，直教人感叹，愁恨年年长相似。

在窗前端坐，脑海中想象着暮秋时节庭院中的烟雨蒙蒙，想来自己的想法竟有些残忍，觉得，李煜和无边的愁绪相配，永远是这么和谐。就像是印在青花瓷上的人物一样，想象着李煜印在青花瓷上的样子，最好再配上一些缠绵的细雨，在脑海中不自觉地勾勒出一个瘦弱哀怨的身影。

这虽然是想象，但却不乏真实。细雨中的炊烟，极尽迷离之表现，给我感觉，如果当真用手触摸，这梦幻般的景象一定会像浮云那样消散了吧，真真是镜花水月般的人物，让人不禁产生了无限的遐思，心中顿生惆怅，生怕这景致因为无心的碰触而消失殆尽。

悲秋、愁恨，这使人惆怅的情感，虽然被很多词人使用，借之以抒情。但在李煜的这首《谢新恩》中，这种思绪被他表现得更为雅致。

以情见景，是李煜常用的手法。在这首词里，他却一反常态，用了以景见情。自然流畅，正如大浪远来，到达岸边方才崩石裂云，让人不禁有种石破天惊之感，正因为如此，有人说，这首词的情调不明快，而悲秋伤感的气氛稍显浓郁。

像李煜这样心思细腻的人儿，伤春悲秋，是一件再平常不过的事情。只有情感丰富的人，才能够借大自然的景致，宣泄自己的各种感情。

如我辈常人，只能对其景感叹："天凉好个秋！"

莫教偏,和月和花,天教长少年

"曾经有段真挚的爱情摆在我面前,但我没有珍惜,等到失去之后才追悔莫及。如果上天能再给我一次机会,我会对那个女孩子说:我爱你!如果非要给这段爱情加个期限,我希望是一万年!"

这是电影《大话西游》中最为经典的台词了,曾经的我也被这动人的情话所感动,希望在有生之年,耳边会响起这些话,自然,也会希望能有一个脚踏七色彩云的英雄来拯救我。

即便现在也是如此,心中总会有一种渴望,让生活变得丰富一些。

今晚,夜色温柔,像水一般宁静,凉风习习,点燃一根烟,读着这首《后庭花破子》,顿时,心中有一种错觉,这微凉的风,好似从远古吹来的。它透过纱窗,吹到了我的脸颊上,这情境,怎一个惬意了得。

没有想到,李煜也曾像电影《大话西游》里的主人公至尊宝那样,对心爱的人儿许下了如此动人的情话:

玉树后庭前,瑶草妆镜边。去年花不老,今年月又圆。莫教偏,和月和花,天教长少年。

这首词创作于李煜继位的第四年，此时的大周后卧病在床，本需要静养，可是，哪承想，幼子的意外身亡，让大周后的病情加重。

为了增加大周后战胜病魔的信心，李煜专门为她创作了这首词，希望大周后能像玉树和瑶草那样，青春永驻。

每一个相信爱情的人，都会希望有这样一次机会，感受一下童话般的爱情。现实让人无奈，不是每一个人都如此幸运，自然，也并非每一个人都能享受到神仙眷侣般的幸福生活。

李煜痴情，这是毋庸置疑的，同样的，作为一代词人皇帝，他不仅痴情，还很多情。应该是"六宫粉黛无颜色"，这只能折射出现实中的无奈，对于每一个皇帝来说，应该是"六宫粉黛皆颜色"，李煜也是如此。虽然最初，李煜与大周后的的确确过了一段神仙眷侣般的生活，可谓羡煞旁人。只能感叹，世间的一切，皆抵不过时间，随着时间的流逝，再多的浓情蜜意也会转淡，往往都会变成了"左手牵右手"。这是女子最为悲哀的事情，可是，没有一个能逃脱得了这世事的轮回。

也许有人会说，李煜痴情，又有了国色天姿的大周后，为何还会移情于大周后的妹妹？

虽然对李煜有着过多的喜爱，但是却不愿意将他神化，李煜也是一介凡人，有着正常人的思想感情。当然，更会犯些寻常人会犯的错误。

以色事人者，色衰而爱弛，这是人们在看过无数宫廷斗争电视剧得出的感想。这些久居深宫的女子，是在拿她们的青春和爱情做赌注，去赌一生的幸福。对于李煜和大周后这二人来说，这场婚姻其实也是一场赌注，只不过结局还不错，两个才情横溢又惺惺相惜的人聚到了一起。

时间真真是一个可怕的东西，它能不动声色地摧毁很多美好的东西。也许是幸福的日子过得久了，大周后忘记了李煜除了是她爱恋的丈夫也是南唐的皇帝，而要求一个皇帝在"六宫粉黛"面前保持忠贞不渝似乎太难、太难。

自从大周后生病后，她的容颜自然逊色了几分，而李煜虽然最初能够在床边照料，但是，天长日久，李煜也不免心烦气燥。要知道李煜擅长的是在诗词歌赋中书写悲欢离合，而面对现实的磨难，他会如同对待颓败的国势一样，选择逃避。

　　恰在此时，大周后的妹妹——一个美丽动人的明朗少女出现在李煜面前。一个是形容枯槁的病人，一个是十六岁，正值花样年华的美貌女子。一个是痴情而多情的才子皇帝，一个是情窦初开、善解人意的佳人，这样说来，好似在描述才子佳人的爱情故事，这其中的爱恨情仇，也似滕蔓，一面暗暗滋生，一面剪不断，理还乱。

　　两相对比之下，大周后，似乎就占了下风，而她的妹妹——历史上被称作"小周后"的女子，就堂而皇之地走进了李煜的感情生活。

　　当李煜和小周后正在干柴烈火地热恋之际，有谁能够体会得到大周后是怎样的一种心情，这算得上是被两个至亲的人同时背叛，任世间哪一个女子都不能忍受。病痛的折磨，爱子的离世，再加上至亲的两个人携手背叛，摧毁了大周后的精神和肉体。很心疼大周后，也许，如若我是她，也会如她般心灰意冷吧。

　　很快，大周后就病势沉重，得知皇后不久于人世，李煜才从偷情当中找回一些理智，他也曾悔恨，毕竟两人是少年夫妻，度过了几年的幸福时光。只是不堪诱惑的李煜想要寻求一些刺激，可现实就是如此，即便多么悔恨，也要为自己的行为负责任。

　　无可奈何花落去，李煜是真的忏悔，希望能够把大周后从病魔手中夺回，但只能感叹，天命难违，再多的忏悔也挽回不了大周后的生命。

　　世间的人都会犯同样的错误，真的失去了，才懂得珍惜。写到这里，忽然想起了一直以来都非常喜欢的一则故事。

　　圆音寺的香火很旺盛，很多人都会赶来上香拜佛。久而久之，圆音寺檐下结网的蜘蛛，因为每天都能受到祭拜，便渐渐有了佛性。千年的修行，这个蜘蛛的佛性大增。一天，佛祖光临了圆音寺，询问它："你我相见即是有缘，你修炼了一千多年，一定很有慧根，我来问你个问题，怎样？"

蜘蛛欣然接受。

佛祖问："世间最珍贵的为何物？"

"自然是'得不到'和'已失去'。"蜘蛛回答得颇为胸有成竹。

佛祖若有所思地点了点头，离开了。又过了千年，蜘蛛仍旧在圆音寺里修炼。这一日，佛祖又来到它的身边，问了同样的问题，询问它有没有更深的认识。

蜘蛛仍旧是同一个答案。

到第三个千年，突然间刮起的大风把一滴甘露吹到了蜘蛛网上。甘露晶莹剔透，蜘蛛看到如此美丽的甘露，顿时心生喜爱。蜘蛛觉得，这一天是它三千多年来最为开心的一天。可是，天不遂人愿，又是一阵大风，将甘露吹走了。

蜘蛛若有所失，正当失落之时，佛祖再一次驾临，问道："一千年又过去了，这个问题可曾参到什么不同的答案吗？"

"我仍旧坚持过去的答案。"

"既然你有这样的认识，那我就让你到人间走一遭吧，希望你能够理解我的用心。"

就这样，蜘蛛投胎为官宦人家的小姐，父母为之取名为"珠儿"。十六年转眼就过去，珠儿已经成为了一位婀娜多姿的少女，上门来求亲的人几乎踏平了家里的门槛，珠儿谁都看不上，偏偏对新科状元甘露情有独钟。人道是，落花有意流水无情，珠儿的痴情并没有打动这位新科状元的心，状元反而和皇帝的女儿长风公主结成了夫妻。

珠儿心灰意冷，听从父母的安排，嫁给了太子芝草。

珠儿成婚后，仍旧对甘露念念不忘，终日里不吃不喝，很快生命垂危。太子芝草日夜不停地守护在珠儿的身边，在珠儿弥留之际，他痛不欲生地说："你可知道，我也对你一见钟情，是我恳求父皇，才成就了这段姻缘，我是这样爱你,如果你死了,我也没有活下去的意义了。"说着,拔出佩剑就要自刎。

就在此时,佛祖来了,他对珠儿说:"可怜的珠儿,你想过没有,甘露是由长风吹来的,因此,他们彼此拥有,而芝草是圆音寺门前的一株小草,这株小草也爱慕了你三千多年,可是,你却从没有低下头看其一眼。现在我倒要问问你,世间最为珍贵的是什么?"

珠儿恍然大悟,"得不到"和"已失去"并不是最珍贵的,如果想要人生没有遗憾,就要把握当下的幸福。

故事的结局当然很圆满,珠儿和芝草从此过着幸福的生活。

这个故事可能很多人都知道,但很少有人能够静下心来,仔细品味让自己有所收获。每当读到这个故事的时候,总是在心中遐想,如若当年李煜能够知道这个故事,那么,他和大周后之间的悲剧,是不是就会避免呢?

现实总是让人无奈,人生没有那么多如果,对于那些一千多年前已经发生的事情更是如此。因此,对于两人之间的事情我就不再妄加揣测。我只知道一件事,虽然在李煜的感情世界里又有了一个"后来人",但是,李煜并不是一个"喜新厌旧"之人,在大周后病危的时候,他的头脑终于清醒了。

肩并着肩,手拉着手,曾经甜蜜的你侬我侬,琴瑟和鸣,浓情蜜意,一切美好的形容词都能放在他们二人的身上。而如今,往日的甜蜜,变成了心中的一把刀,扎进心里,每当疼一分,刀就会扎得更深一点儿,更加使人痛彻心扉。

本来久卧病床的大周后并不能发觉李煜与妹妹之间的事情,一天,大周后的妹妹进宫探望久病的姐姐,当大周后问她何时进宫的时候,小周后的回答让大周后的心凉了半截:"我已经来了好几天了。"

大周后是一位蕙质兰心的女子,当下心中就明白了八九分。"恚怒,至死面不外向",这是大周后的反应。大周后,是一位有才气的女子。这样的女子都有一个共同的特点——自尊心很强,试问,当年如此恩爱,怎会接受李煜心中已经有了别人呢?

发现自己不再是爱人心中的唯一，这是一件让人多么心酸的事情。可最终，大周后原谅了李煜，只有一个原因，那就是心中对李煜仍然充满了爱。因为爱生怨，也因爱而宽容。

人常道，人之将死其言也善，大周后临终时说："冒宠乘华，凡十载矣。女子之荣，莫过于此。"她的心是满足的，因为他们曾经那样深深地爱过。不管李煜是不是这江山独一无二的王者，他给的爱，也是这世界独一无二的。此生有爱如此，大周后无憾。

听到此番话，李煜不禁潸然泪下。他心中想的是什么，不得而知，但是，唯一能够看到的，是大周后把宽容和谅解留给了他。

在大周后去世后，李煜自称鳏夫煜，几次三番想随大周后而去，他心中应该是悔恨的。当初的自己，怀着巨大的喜悦把往日的恩爱抛弃，而如今，命运又赐给了他巨大的悲伤，只因李煜永远地失去了大周后。她走了，即使再有莺莺燕燕在怀中舞动高歌，他也是个鳏夫。因为在他的心里，在他的爱里，他只认大周后。

李煜曾专门为大周后写过两首词，这首是其一，可叹。当第二首词作完成的时候，斯人已去。只留下李煜，满怀泪水地慨叹，"只是当时已惘然"。

可奈情怀，欲睡朦胧入梦来

但凡是中国人，都知道李煜的词作，即使对其不甚了解，也会吟上一两句——"问君能有几多愁，恰似一江春水向东流。""剪不断，理还乱，是离愁，别是一般滋味在心头。"

李煜留给后人太多太多的经典之句，最初，我也是惊艳于其词作的瑰丽，转而对李煜这个人有了一丝兴趣。

人都说，北宋词人的巅峰要数柳永和苏轼，南宋词人的巅峰则是辛弃疾和李清照，而再早一些，五代时期的词人巅峰则要数李煜一人了。

历史上，坐在皇帝的宝座上，又懂得一些文学的，虽然不少，可绝大多数是附庸风雅。其中，经典的作品并不算多，能被后人称为文学大家的更是少之又少。

宋徽宗算一个颇有些文采的皇帝，即便如此，我仍旧觉得，李煜是其中的翘楚。这个真正的文人皇帝，用他的亲身经历告诉我们，越是有着超常的聪明才智，越是敏感的人，他所遭遇的人生，幻灭得越是深切。

因此，只能把所有情感都寄托在了文学创作上。我想，这可能就是有些人所说的"国家不幸诗家幸"吧。

> 亭前春逐红英尽，舞态徘徊。细雨霏微，不放双眉时暂开。
> 绿窗冷静芳音断，香印成灰。可奈情怀，欲睡朦胧入梦来。
> ——《采桑子》

李煜的这首《采桑子》是一首春词，在这里，李煜再一次化身为闺中女子，哀怨地抒发着春情与春怀。

伤春，本是一件让人惆怅的事情，心情自然好不了，再加上，这是发生在一个阴雨绵绵的秋日里。

满怀思念，心中充满了愁绪，在独自一人的情况下，本想默默地忍受思念，可是，天不遂人愿。春去，红英也将落尽，即使心中有些留恋，舍不得离去，这又有什么用呢，不还是飘飘零零地离去了吗？

心中不禁祈祷，离开的速度再放慢一些吧，好让我再看看这美丽的春景。红英舞姿翩翩，不巧，此时，霏霏细雨从天而降，秋风萧瑟，春雨中红英坠地的速度加快了。此情此景，怎不让人惆怅？作者心中泛起了一阵不舍，连忙把眼睛闭了起来，不忍看到这残忍的一幕。

红英落尽，身边还剩下什么呢？孤寂，让心成为了千年的古井，不要再去想了，也不要再去做些什么了。此时，就像入了定一般，本以为会享受片刻的宁静，此时，心中的人儿，倩影，袭进梦境，让我分不清何为痴情，何为多情。

梦境的亦真亦幻，分辨不清，也许，每一个人，当他心中有了思念的人儿时，这样的一种情怀，是不是都曾经体验过呢？

> 谢家庭院残更立，燕宿雕梁。月度银墙，不辨花丛那辨香。
> 此情已自成追忆，零落鸳鸯。雨歇微凉，十一年前梦一场。

这是纳兰容若《采桑子》中的一首，也是我最为喜欢的一首。"此情已自成追忆"，真真让人感叹，"只是当时已惘然"。

在这里提到容若的《采桑子》，是因为个人觉得，每当读起容若的这首词的时候，总会与李煜的《采桑子》联想在一起。

这两首《采桑子》都会让人有种惆怅的感觉，词中声声感叹，悔恨交加，鸳鸯零落，而李煜痛失大周后，不也像落单的鸳鸯一样，每日想着逝去的爱人，往日的恩爱只能在梦中回味。

在此之前，也曾提到过李煜和容若，他们之间有太多的相同点与不同点。这两位才子的作品，经常会让人在亦真亦假的梦幻中流连。

李煜的词风，可谓缠绵凄婉，愁肠百结，字字予以血泪，真可谓"从心灵深处弹奏出的一支支人生悲歌"。而容若的词则是婉转凄清。他们的词都在"温婉中流露出哀伤，掩卷后总有一种怅然若失之感"。因此，梁启超曾评价说："容若小词，直追后主。"而陈维崧则说："饮水词哀感顽艳，得南唐二主之遗。"

李煜，从一国之君沦落为阶下囚，可谓经历了人间极乐，也体会到了百事堪哀。九五之尊，最后竟然被人凌辱践踏，可以说，李煜是苦到了极致，也愁到了极致，更是拥有了极致的绝望。在他词作的字里行间，无不饱含了对故国深刻的思念，以及对往日生活的追思。因此，我个人认为，从某种意义上说，李煜的词风固定在一个绝望者的发泄上。容若的际遇虽与李煜不尽相同，但也称得上充满了苦难。先辈的仇恨，爱妻的早夭，与爱人的别离，伴君如伴虎的无奈，与父亲的矛盾，羁旅的寂寞……所有无可奈何之事都加在秉性纯洁、细致纤弱的容若身上。他的词不仅仅是绝望者的呻吟，同时也是绝望者的呼喊。

王国维在《人间词话》中评价："李重光之词，神秀也。"而顾贞观曾对容若的词予以评价："容若天资超逸，悠然尘外，所为乐府小令，婉丽清凄，使读者哀乐不知所主，如听中宵梵呗，先凄婉而后喜悦。"

这番精准的评价恰恰说出了我的心声，在我看来，容若与李煜的词作有一个共同的特点——具有风神超逸的伤感之美。

每每读李煜的词作，心中总会有莫名的惆怅，这也许就是李煜词作的超常的感染力。

这首《采桑子》，"以妇人之恨见妇人之心，以妇人之心见妇人之愁"，可谓写景与写情交相辉映，是一曲哀婉深沉的悲歌。

陈延焯《别调集》中评这首词"幽怨"。诚然，李煜有着很强烈的文人情结，因此不免会有些闲赋春怨之作，他所经历的宫廷生活，总是给这样的春怨词注入一丝丝优游之意，这也是李煜有别于其他词人之处。

《采桑子》，这是一首思人之作。有人说，这首词是为远方的从善而作，而有的人则认为是专门为已经仙去的大周后所作。

两种说法，更愿意相信后者，对我来说，李煜的感情生活，一直是我关注的焦点。

诚然，与小周后的偷情，让李煜尝到了久违的兴奋和刺激，但是，李煜知道，这种无法言说的快乐，是建立在内疚的基础上的。新鲜的快乐感觉，让李煜无法自拔，坠入情网的人，最为缺乏的就是理智，而李煜在刺激的偷情中，更加不顾后果。

当大周后逝去，对于这份无奈和凄凉，李煜真切地感受到了内疚与悲伤。忆往昔，谱曲弹唱，起舞迎合，两个人一起度过了多少幸福的时光。如今，佳人的娇啼倩影被埋进了黄土，而玉骨冰肌也渐渐枯萎。造成这样凄哀的结局，李煜有着不可推卸的责任。从此，李煜的心中又多了一份沉重思念和追悔。

这首《采桑子》诉说的是相思情，这是毋庸置疑的。在五代写相思情的词作中，往往会有一些固定的模式——离别后生相思，进而盼望对方的音信，而如果音信杳然，那只能期盼在梦中相会。梦中的世界并非完美，在这里，相思的人儿可能相聚，也可能会不见。在李煜的这首词里，梦境并不是完整的，写到梦中就戛然而止。"入梦来"，倒颇值得去揣测，结局到底是心上人成功入梦，还是这只是词人的一种期待，我们只能自做判断。如若结尾说得过于明白，这样做，诚然可以满足读者的好奇心，但完全失去了余味，也没有了想象的空间，自然也就丧失了艺术的张力。

最初，在欣赏李煜词作的时候，最为关注的要数词作的内容，生生忽略了词牌透露的信息。当有了一些心得后，每每读一首新词之际，首先要了解词牌透露给我们的信息。

李煜的这首《采桑子》，别名《罗敷媚》，亦名《丑奴儿》。

采桑是古代女子重要的农事活动，《诗经》中关于采桑女的爱情故事的描写举不胜举。有了"情爱"这个永恒的主题，采桑自然成为了讴歌较多的农事了。《诗经》中的《豳风·七月》《魏风·氓》等，汉代乐府中的《陌上桑》、南北朝的《采桑度》、唐教坊曲《杨下采桑》、大曲《采桑》皆是描写与采桑有关的故事。本词调就是从唐代教坊曲中的歌舞大曲《采桑》中截取一段独立而成的一个词调。

宋代的陈师道在《罗敷媚》中描写：

春风吹尽秋光照，瘦减初黄。改样新妆。特地相逢只认香。
南台九日登临处，不共飞觞。镜里伊傍。独秀钗头殿众芳。

《罗敷媚》源自汉乐府《陌上桑》

日出东南隅，照我秦氏楼。秦氏有好女，自名为罗敷。
罗敷喜蚕桑，采桑城南隅；青丝为笼系，桂枝为笼钩。
头上倭堕髻，耳中明月珠；缃绮为下裙，紫绮为上襦。
行者见罗敷，下担捋髭须；少年见罗敷，脱帽著帩头。
耕者忘其犁，锄者忘其锄；来归相怨怒，但坐观罗敷。
使君从南来，五马立踟蹰。使君遣吏往，问是谁家姝？

"秦氏有好女，自名为罗敷。"

"罗敷年几何？"

"二十尚不足，十五颇有余。"

使君谢罗敷："宁可共载不？"

罗敷前致辞：

"使君一何愚！使君自有妇，罗敷自有夫！"

东方千余骑，夫婿居上头。何用识夫婿？白马从骊驹；

青丝系马尾，黄金络马头；腰中鹿卢剑，可值千万余。

十五府小吏，二十朝大夫，三十侍中郎，四十专城居。

为人洁白皙，鬑鬑颇有须；盈盈公府步，冉冉府中趋。

坐中数千人，皆言夫婿殊。

对于"采桑子"的又一别称，倒有些渊源。"夜来酒醒清无梦，愁倚阑干。露滴轻寒。雨打芙蓉泪不干。佳人别后音尘悄，消瘦难拼。明月无端。已过红楼十二间。"这是黄庭坚的一首《丑奴儿》，从这首词来看，"丑奴儿"只是该词的题，因此，后人把它当成了"采桑子"的别称。对于这一说法，我倒是相信，《淮南子·说林》中认为，"丑"，并非单指容貌难看，而是暗含了哀怨的意思，因此，我更相信因为"丑奴儿"这一别称带有一丝丝哀怨，所以才成为"采桑子"的别称。

"采桑子"给我的感觉一直是像"丑奴儿"那样，带有了一丝丝哀愁，李煜又用他的真情实感，把这丝丝哀愁放大到极致，失去大周后，让他的悲哀更加沉重。李煜用他的方式隆重地安葬了大周后，也安葬了他们往日的爱恋、亲情。

李煜的哀伤与悔恨自不必过多言说，想到昔日的爱侣，如今已成黄土下的白骨，痛惜，这是李煜一定会有的感触，"昨日朱颜，今朝白骨，红尘恋事，尽是一朝一夕的幻觉"，这是佛家的理论，这也与李煜的经历不谋而合。

很多时候，都要不断提醒自己，才能相信李煜是一代帝王，而非一个痴痴等候心爱姑娘的情人。虽然这是他所不愿的，南唐也已经是只有一个空壳子。我愿意相信的，是他所做的一切，皆是词人所为，用现在的眼光来看，算得上是位十足的唯心主义者，也许还有几分稚子般的可爱。

他的一生都是一位艺术家，他的愁绪和爱情，他的创作和思想，都闪烁着艺术家独有的孤独和悲哀。只可惜，命运安排他出生于帝王之家，错的位置，致使他做的一切，全都是错。对于这些事，李煜不是不懂，只是，已无可奈何。

第三章

刬袜步香阶，手提金缕鞋

奴为出来难,教君恣意怜

花明月暗笼轻雾,今宵好向郎边去。衩袜步香阶,手提金缕鞋。画堂南畔见,一向偎人颤。奴为出来难,教君恣意怜。

——《菩萨蛮》

"菩萨蛮",又名"子夜歌""重叠金",属于唐朝教坊曲名。最初,我总认为这词牌的意思为,菩萨也有发脾气耍蛮的时候,现在想来,未免有些贻笑大方。"大中初,女蛮国贡……其国人危髻金冠,缨络被体,故谓之菩萨蛮,当时倡优遂制《菩萨蛮》曲,文士亦往往声其词。"这是唐苏鹗在《杜阳杂编》中所说的《菩萨蛮》这个词牌的来源,这里的"大中"是唐宣宗的年号。

一直以来,总是在说,在李煜的作品中,尽显了他的"真"。的确,除了这首《菩萨蛮》之外,李煜的很多词作都是经典之作。但我始终觉得,说到"真",没有比这首《菩萨蛮》更"真"的了。

严格说来,这首词是属于描写偷情的场景。想到这里,总会笑着感叹,李煜真是一个大胆的人,竟然能把与情人偷情的场景,特意作了一首词作为纪念。

偷情,是一个既浪漫又危险的事情,这让我想起了莎士比亚的《罗密欧与朱丽叶》。这部经典的世界名著,在这本书中,对于男女情爱的描写,十分出色,但我觉得，李煜的这首《菩萨蛮》与之相比较，有过之而无不及。

无论是"花明月暗笼轻雾"的朦胧与暧昧，还是"手提金缕鞋"的那种慌张谨慎和撩人心田的细腻，我想，其他同类作品，无论是古今，抑或是中外，都没有任何作品比得上这首《菩萨蛮》。

故事里的女主人公，是大周后的妹妹，对这个女子，史学家们更多地称她为"小周后"，这是与她的姐姐大周后相对而言的。

先后被李煜封为后的两位女子。大小周后，是周家的一对姐妹，从小就相貌出众，多才多艺。姐妹之间相差十四岁。大周后嫁给李煜的时候，小周后年纪尚小，经常会到宫中看望姐姐。

大周后十九岁时进宫，是多才多艺的美人，既通文史，又善歌舞，还弹了一手好琵琶，虽然她比李煜还大一岁，却集三千宠爱于一身。

李煜的母亲十分喜爱大周后，大周后与李煜情投意和，十分恩爱，因此大周后的妹妹与李煜的关系，也是比较亲近的。我想，也许在那个时候，不谙世事的小周后，一定是经常扯着李煜的衣角，喊他"姐夫"的。

风雅的君王，曼妙的女子，夜夜笙歌的欢乐，夫唱妇随的恩爱，美得让人心碎。然而，就像电影《大话西游》里紫霞说的一样，猜中了故事的开头，却没有猜中故事的结尾。大周后红颜薄命，不足三十岁，正是风韵无边的时候，却忽然病倒了。妹妹小周后进了宫里，这个叛逆、热烈又让人怜爱的妹妹，把李煜的情爱彻底地释放了。

时间，真是一个成功的魔术师，短短几个年头，就让一个黄毛丫头变成了一位绝色佳人。

当时的小周后是个情窦初开的女孩子，当面前站着一位南唐的国主，才气斐然，那么，真真应了一句——哪个女子不怀春？小周后忘记了姐妹感情，转而投入到姐夫李煜的怀抱中。

虽然，不论是李煜，还是周氏姐妹，对于我们来说都是历史人物，但，终究这三个人也都是凡人，自然有着凡人所拥有的一切弱点。

这首《菩萨蛮》中所描绘的那个浪漫的场景，让世间所有女子心生向往。

那是个鲜花开得正盛的夜晚，天空中只有一层淡淡的云，在一片轻薄的雾气的遮掩下，月亮变得若隐若现起来。也许，这个夜晚正是属于情人的夜晚。

画面中的这个女子，每每想到心爱的人儿，心都会忍不住怦怦乱跳。他是不是也在思念着我呢？这个女子轻抚着胸口，好像在告诉自己："我愿意，为了这个男人，像花一样悄悄地来到他的身边。"

为了不惊动宫里的其他人，女子小心翼翼地脱下了金缕鞋，只穿着一双袜子走在干净的台阶上，即使如此，仍然觉得自己发出的声音太大了。也许是心境使然，也许是她听到了自己怦怦的心跳声，于是，踮着脚，一步一步小心地跑着，就好像一股又清又静的风，带着女儿身上特有的芳香，弥漫在周围的空气中，向着与情郎早已约好的地点奔去。

画堂南边，是女子要去的地方，也是女子已经来了很多遍的地方，她对周围的环境都很熟悉。

熟悉的小路，焦急的心境，自然使得脚步快了许多，没过多久，女子就到了约好的地点，让她惊喜的是，此时，情郎早已等候在那里，一身华服，带着温柔的微笑。皎洁的月光照射下，她觉得，旁人所说的"良人"就该这个样子，温文尔雅，权倾一世，但却有着怜香惜玉的心。

她加快了脚步，冲到了早已敞开臂膀、在那里等她的情郎的身旁。也许是没有穿鞋的原因，依偎在情郎的怀中，女子的身体竟然有些颤抖。想来，为了能与情郎见上一面，她可是费了不少周折。

幽会的密信是由一个叫作秋红的宫女交给她的。这个宫女，随大周后一同进宫，同属于钱塘籍，在小周后来到宫中之后，因为乡音的原因，两人平日里关系甚好。

就这样，幽会的密信，经由秋红之手，辗转到了她的手中。终于看到了情郎，她一下子扑进了情郎的怀中。

一路上的紧张和小心翼翼，化成了见面后的兴奋与娇痴，她伏在情郎的怀中，一时间不能克制住自己激动的感情，即使依偎了很久，也没有停止身上的颤抖。

"奴为出来难，教君恣意怜"每当读起这首词的时候，总会在心中想象，当时小周后的娇羞模样。这样的偷情场面，放到了现在，这样的说辞与做法也是十分大胆的。完全没有古代女子的矜持与扭捏，而是集热情、大胆、奔放与娇媚可爱于一身。像我这样的旁观者，虽然知道，这浪漫的画面，是属于不正常的恋爱——偷情，但是，小周后这个女子实在是太可爱，让我不忍心责怪她。

李煜总是这样"真"，把本来撩人情思的香艳偷情场面，描写得这般直率可爱，细腻入神。偷情，可能更多地让我们觉得充满了肉欲的香艳，但在李煜的笔下，却是如此的纯情。台湾作家高阳为此专门写了一部描写李煜和小周后的爱情故事，为之取名为《金缕鞋》。

月下看美人，灯前观才子。在幽静的夜晚，与情郎约会，即使是花前月下，此等浪漫的环境，但，终究不是一段寻常的爱情，旁人的非议，也许就会毁了女子的下半生。可她并不在意。也许，应该这样说，和对情郎的思念之情做比较，其他的事情，已经无暇顾及了，可见，此女子已经深深地落入了情网。

在赴约之前，她还是要做一些准备的，比如，怎样把身边的侍女宫娥打发掉。做完这些，女子开始为"悦己者"梳妆打扮。"小山重叠金明灭，鬓云欲度香腮雪。懒起画蛾眉，弄妆梳洗迟。照花前后镜，花面交相映。新贴绣罗襦，双双金鹧鸪。"这是温庭筠在《菩萨蛮》中所描绘的古代女子上妆时的情形。我想，小周后与之相比，一定是有过之而无不及，人常道："士为知己者死，女为悦己者容。"更何况，与之幽会的人，不仅是悦己之人，更是自己也喜欢的。因此，可想而知，这女子的妆容，定是上了许久，上完了妆，她便开始了与情郎的幽会计划。

作为男子的李煜，倒不像女子那般小心谨慎，蹑手蹑脚，而是很早就来到了画堂的南畔。这本是一件容易的事情，走起路来，许是因为马上要与心爱的人儿相见，因此就连脚步都显得异常轻盈。心跳得厉害，这种悸动的感觉，他已经很多年没有体验到了。现在，他甚至有些嘲笑自己，早已成年，却还像是一个年轻小伙子那样，丝毫不知稳重为何物。

等待的时间，总是显得如此漫长。当激动的情绪渐渐平息，男子的心倒也有些忐忑，他在为马上就要见面的女子担心，真不知道，如若在赴约的途中，遇到了熟人，这小女子该做何解释。幸运的是，黄昏后人们都去休息，当然没有一个人，像他这样满心欢喜地等待着她的到来。

想来，自己是幸运的，生命中遇到了这样一个女子，叫他想不心生怜爱，都觉得是对这小女子的不尊重。这画堂南畔的确是幽会的最佳场所，隐秘，到了这样的夜晚，周围寂静异常，美丽的景致，别有一番幽隐和神秘的意味。

也许，是浓浓的相思，赋予了偷情所有的美好感情。他早早地到了，心里调皮地想象，如果自己没有赴约，抑或是来得迟了些，那个纯真的小女子，是像自己一样一直在等待，还是原路返回呢？

此时，我相信，这一对即将幽会的人儿，即使还没有见面，但是男子的心中，只有她，而这个女子的脑海中，一定充满了情郎爱怜的眼神。对这一对彼此相思的人，突然之间，我心生不忍，似乎在向上天祈祷，不要让旁人来打扰他们。

我想，淡月、花明、轻雾，所有景致，是恋爱中的两个人最好的陪衬。幽会的激动心情，和等待的时候脑海中泛起那美好的想象，让这两个人忘记了世间的一切，许是因为这个原因，时间变得如此狭窄，而这画堂南畔，也仅属于他们两个人。

无人打扰，也没有人嫉妒，知道这个浪漫故事的人，只剩下了羡慕。仿佛时间与空间，场景与心情，都只是为了衬托他们二人。

"心有灵犀一点通",我想,陷入爱河中的人,是无须调拨的,指引他们的是爱的力量。虽然彼此的路径并不相同,但,他们都是为了同一个目的地,因此,结局总是美好的。

没有香甜的美酒,没有助兴的歌舞,更没有动听的丝竹声。只是淡月与轻雾,再加上女子身上特有的女儿香,我想,有了这些,对于相爱的人儿来说,在他们的心中,只要彼此相属就已经足够。

怀春少女,为其一见倾心的才子,用"一见如故"这个词语来概括,我想,再适合不过。也许,在某些人的眼中,一见倾心算不上真正的爱情,但不可否认的是,因为这一眼而私订终身,进而让爱情产生、升华,却是十分珍贵的。

现实生活中也是如此,哪怕只是一次短短的相见,抑或是无心送出的秋波,哪怕只是寻常的一颦一笑,我想,都会让有心的人久久难以忘怀。

李煜是个让女人又爱又恨的人。

他对大周后爱得并不彻底,等到他遇到小周后时,却已没有时间来保护她。他错过两次,造成了两个女子的悲剧。

他的相思是真的,真真是剪不断,理还乱。但我宁可不读这样的句子,也希望他不是生在帝王家,只是一个普普通通的书生,和某个相爱的女子红袖添香地安度一生。

脸慢笑盈盈，相看无限情

蓬莱院闭天台女，画堂昼寝人无语。抛枕翠云光，绣衣闻异香。潜来珠锁动，惊觉银屏梦。脸慢笑盈盈，相看无限情。

——《菩萨蛮》

无论从哪一方面看，李煜都不算是一位合格的国主，但却是一位优秀的词人。艺术家的天真和坦诚集于一身。自己的感情生活，甚至是恋爱故事，都成为了他创作的源泉，毫不隐瞒地写进了词中。真真让人慨叹，这是一种多么坦率的情怀。

也许，是因为感情生活太过于惬意，完美得有种想要与世人分享的冲动，在情不自禁的情况下，把约会时候的场景一一记录下来。也许，这也算是一种令他刻骨铭心的永恒纪念吧。

"天何不使后主现文士身，而必委以天子，位不配才，殊为恨恨。"这是明代诗人陈继儒曾发出的感慨。的确，自然而率真，不仅是李煜的性格特点，还是他的词作风格，这就像文士有其感人之处，而异于一般帝王的矫揉造作。

蓬莱，为古代传说中的三座仙山之一。《史记·封禅书》中记载："蓬莱、方丈、瀛洲，此三神山者，其传在渤海中，去人不远，患且至；则船风引而去。

盖尝有至者，诸仙人及不死之药皆在焉。"

天台，位于今天的浙江省天台县北。相传，东汉时期，刘晨与阮肇在此山遇到二位女子，留住半年回家，归家时发现已经过了七世，才知此二女子为仙女。自此以后，天台女一般指的就是仙女。

在李煜的眼中，女主人公出身不凡，恍兮惚兮，是可望而不可即的仙人。这仙人般的女子所住之处，因为有她的存在，而成了蓬莱仙境。

仙人本应该是若有若无、虚无缥缈的，但词人却是一位有心计的男子，他用了一个"闭"字，把这仙人关在了人间。这预示着仙人，不再是昙花一现、转瞬即逝的了，而是被词人这位幸运的男人所拥有。

因为这个原因，词人已经可以放心地任由这位仙人睡午觉，而不用时时担心她的离去而要求她侍酒佐欢。而且，仙人的午睡，不允许任何人去打扰，当然，也包括他自己在内。

此时此刻，仙人正在午睡，乌云翠玉似的头发，随意抛散在床上，虽然，人都说，"三千烦恼丝"，但是，李煜觉得，面前的这位女子，乌黑浓密的秀发，让他忍不住想上前去捧着，嗅一嗅发丝上的女儿香。

对女子来说，容貌一直是十分注重的事情，也曾经有人说出了"士为知己者死，女为悦己者容"的事实。除却相貌，女子最关注的，要数头发。

相传，汉武帝第一次见到卫子夫的时候，就是被她一头乌黑浓密的秀发所吸引，于是，将其纳入宫中。张丽华是陈后主的宠妃，这位女子也是因为这个原因而受到了宠爱。

自古以来，就有这样一种说法——自古美人如名将，不许人间见白头。汉明帝时期，马皇后初入宫，就因为拥有一头绝好的秀发而在后宫之中独占鳌头。这位马皇后是伏波将军马援的女儿，从未骄纵后宫，用"母仪天下"评价她不为过。这位马皇后过世后，名声还没有作为后来者的"飞燕合德"响亮，也许，这就是现实赐予的讽刺吧。

如果说，从秀发当中透出的香气还算隐隐欲现，李煜也算是有着些许的自制力。但是面前的这个女子，不知是做了什么美梦，脸上带着惬意的微笑，身体也偶然间翻动了一下，身体上散发的特殊的香气，让李煜无法自制。

这香气，恐怕不是凡间之物，而是只有天上的仙人身上才有的气味。此时，李煜这个才子皇帝，忽然觉得自己的语言是这样匮乏，想了很久，竟然不知道用什么样的词语来形容面前这位仙人不经意间露出的旖旎风情。

这个时候，李煜才细细打量起面前这个女子来。曾经的小女孩，仅仅十年的时间，就已经变成了如仙人般的婀娜少女。很多时候，李煜看着她，心中总有一种错觉，在她的身上，有着刚入宫的大周后的影子，只不过，一直以来，大周后都是知书达理的，即使年少时，也是颇为稳重的，而她，却有着比大周后更胜一筹的年轻与活泼。

忽然之间，大周后，这个曾经熟悉的名字一下子被李煜想起来了。"大周后，她现在还好吧。"李煜在心里暗想，随即安慰自己，"一定是这样的，大周后是那么的坚强，一定很快就会好的。"

李煜甩甩头，决定不再去想大周后，专心地打量起眼前的这个女子来。

随着与她越来越多的接触，李煜越发觉得，曾经的小女孩，变得越来越吸引他的眼球，总是在不经意间，自己会随着她打转。自然，她的一颦一笑，都会让自己赏心悦目。李煜感觉，自己逐渐平静的心慢慢被她激活，整个人都变得年轻了许多。对于自己内心的变化，李煜不是没有察觉到，我想，李煜只是在自欺欺人而已。他哪会想到，自己曾经当作小妹妹的人，如今成了一位绝代佳人。

这段时间，大周后的病一直都没有起色，李煜最初还是能够在大周后的床边，尽心尽力地照顾。时间长了，李煜竟然觉得有些闷了，朝堂之上也多了各种不如意，也不能像往常那样，在大周后这里得到欢愉，他的注意力逐渐转移了对象。

这一次，因为大周后的病，小周后前来探望，她被安排在瑶光殿的画堂里居住。这次李煜前来，只是想给她一个惊喜，因为他喜欢看她高兴的样子。每当笑容在她的脸上绽放，李煜总觉得，在朝堂上国事给予他的压力都消失了，这感觉实在是轻松。因此，这次前来看望，李煜定是更想看到她在自己身边围绕的样子。

　　为了达到惊喜的效果，李煜并没有让宫女通报，径直地向画堂门口走去。情况有些反常，平日里，只要是有她在的地方就充满了欢笑，此时，为什么室内一片安静？

　　李煜好奇地推门走了进去，悄悄地掀起珠帘向室内看，这一眼，他便再也说不出什么话来了。

　　原来，小周后正在午睡，撩人的睡姿，也许是不经意的，但看在李煜的眼中，却不是那么回事。他觉得，自己仿佛回到了年少时候，纵使作为南唐国主，曾历风月无数，但是，也从没有看过这如下凡仙人般的睡姿。他的心，怎能不乱？

　　此时，李煜已经顾不得什么礼教、身份，不由自主地想凑上前去把这女子身上的香气嗅个真切，把这天仙般的容貌看个满足。正待他推帘而入的时候，不想碰到了珠锁，虽然这珠锁发出的声音不算大，却让李煜恼怒至极，这是因为，眼前这位天仙般的人儿已经被惊醒。

　　小周后不经意地扭头，忽然发现，这个被她称为"姐夫"的南唐国主，正用一种异样的眼光一动不动地看着自己。尴尬，让两人一时都没有说话。心，跳得像乱撞的小鹿。

　　看到李煜的眼神，小周后的脸红了，像傍晚的红霞。虽然还是一位不经人事的少女，但她知道，李煜投向她的眼神，这是男人看女人所特有的眼神。一想到这里，不知什么原因，小周后的心里竟然泛起了一丝甜蜜。就这样，她羞涩地低着头，摆弄衣角，不知道该说些什么。

　　另外一边的李煜，恍惚了一阵，终于找回了些许的理智，清了清嗓子："寡人只是想看看你在这里过得好不好，宫人是否有怠慢的地方，惊动了你的好梦，真是抱歉。"

小周后此时也找回了一些理智，上前施礼："不知陛下光临，还请恕小妹未曾迎驾之罪。"

随即，她似乎发现了，这样说话有些不合礼仪，于是转而向屏风后走去，更衣。

完毕，二人不约而同地把刚才发生的事情忽略，为了打破沉默，小周后开口说道："直到今日，小妹才看得真切，陛下的眼睛竟然和大舜的相同。"

自从懂事以来，李煜听到过无数次这样的话，从最初的沾沾自喜，到后来逐渐没有感觉，甚至，当他做了南唐国主后，对这样的说法有些厌烦。可今日，听到了这番话，李煜竟然有了不同的理解："他与唐尧和夏禹并称为三代圣君，我倒是怀念那个天下为公的时候。不过，我想，最重要的是，他还有一个美满的家庭。"

"这话怎么说？"

"大舜有着令人羡慕的一后一妃，这两个女子不仅相貌出众，对大舜也都是一往情深，王后叫作娥皇，而王妃，则叫作女英，她们是同胞姐妹。"

小周后顿时明白了，羞得不知怎么才好，只能默默地听着李煜接下来的话："大舜南巡时，病死在苍梧山，两姐妹哀痛至极，她们的眼泪洒在竹子上，那些竹子后来就长出了斑点，后人称之为'湘妃竹'。做不做圣君，对于我来说，并不重要，但如果，我能像大舜一样拥有一对美貌与情意并重的后、妃，我就知足了。"

说完，李煜注视着前方，不再说话。虽如此，但小周后却异常聪慧，自然知道李煜话中的弦外之音，一时之间，不知道如何应对，只好是低头沉默不语。

说出的话，如同脱缰的野马，李煜此时竟然不知如何收场，因此，只有借故告辞。

回到澄心堂，李煜细细回味这次与小周后的见面，顿觉心潮难平，拿起笔来，在纸上写出了这首《菩萨蛮》。

李煜整日里都在恍惚中度过。她那青春的面容，莺莺细语般的声音，以及睡梦中那撩人的风姿都无时无刻不在李煜的脑海中回荡。就连在梦中，也是两人相会的场景。

每每想到小周后，李煜总会有种前所未有的情趣与激情，这种感觉和与大周后在一起的感觉并不相同，似乎过惯了平淡的感情生活，李煜内心期待着能有一个人带给他不一样的激情与活力。

实际上，小周后的确触动了李煜内心深处的感情，纵观那些为小周后这个女子所写的词作，没有一首不情真意切，白描居多，堆砌辞藻般的做作，在这些词作中完全看不到。

很多时候，也曾思考过，周氏姐妹中的哪一个，李煜为之付出的感情要多一些？大周后与李煜在一起的日子，李煜从皇子过渡到了皇帝，的确也过上了一段神仙眷侣般的生活，但最终，红颜早逝，只能在自我的世界中得到升华。而小周后，得到了李煜内心深处最深的爱怜，但同样，她也要面对这个男人心中的懦弱，和由懦弱引发的连锁反应，从这个角度来考虑，我真是说不准，姐妹二人中，到底哪一个才是更幸运的。

一边是躺在病床上生命垂危的姐姐，一边是一见倾心的爱人，小周后疯狂地享受着自己的青春。她进宫多日后，直到姐姐病危时才去探望。大周后见到她非常吃惊，问她何时来到宫里。小周后不会撒谎，以实相告，大周后当然明白是怎么回事了。

既然爱我，又为何不能给我一份最完整的爱情，让我在死之前都拥有你全部的爱？这是大周后的报怨。

宫中从来都是只见新人笑，不闻旧人哭，何况已是人去楼空，生死两隔？从此，小周后成了这个尊贵而华丽的男人的最爱，万千恩宠，爱到了极致。他在花园的百花丛中造了一个小巧精致的亭子,大小仅能容下他和她二人。画堂南畔,厮守到天昏地暗。

然而她的命运却并不比姐姐好多少,上天并没有让她的幸福更久一些。金戈铁马,国破家亡,她只得随着他这个亡国之君去了遥远和陌生的北方。在萧瑟的北风里,过着半是俘虏、半是寓公的生活,经常被召进宫里,侍奉那个曾经和丈夫一样,被人称作帝王的男人。

她和姐姐又有什么错呢?只不过是爱了自己心爱的男人。她抢了姐姐的最爱,也许到最后像姐姐那样,在深深爱过后,趁着爱情还未淡去彻底地离开,将爱情永远地定格在从前才是真正的幸福。

眼色暗相钩，秋波横欲流

铜簧韵脆锵寒竹，新声慢奏移纤玉。眼色暗相钩，秋波横欲流。

雨云深绣户，来便谐衷素。宴罢又成空，梦迷春睡中。

李煜的这首《菩萨蛮》同上两首一样，是为了小周后而作的。最初，当读到这首词的时候，还没有理解全部的含义，首先，就注意到了"眼色暗相钩，秋波横欲流"这一句。真可谓情人间眉目传情的佳句。

李煜的这首《菩萨蛮》，描写的是在宴席中词人对一位女子的钟情与迷恋。有人说，这位女子，只是一名普通的奏乐女子，而有的人则认为，这是李煜和小周后，两个陷入热恋的人，在宴席中互送秋波、调情的场景，对于这两种说法，我更愿意相信后者，这一章节都在写他们之间的热恋，总想让这令人心动的场景持续得更久一些。

享乐，是李煜最为擅长的。音乐，李煜更是欣赏的高手。宴会中，音乐的美妙声，请原谅我语言的匮乏，无法真实地表现出来，单从词义上看，"脆""锵"二字，就能很生动地把这美妙的音乐概括象出来。

李煜是一位具有极高艺术修养的人，音乐的鉴赏能力，自然是我等寻常人无法比拟的。

音乐的美妙，只是让李煜沉醉其中的一个因素，我想，演奏音乐的这位女子，则是最重要的因素。

"纤玉"，这个词语，明确地表示了，演奏此音乐的，定是一位美丽的女子。自唐代以来，就有着"化百炼钢为绕指柔"的说法。尤其作为女子，有着这样一双手，定会比那些寻常妇人要受宠得多。

奏乐的美丽女子，使这音乐加分不少，可谓乐美人更美，李煜心中的想法已经昭然若揭了。此句中的"新声"，我觉得是最好的证明。

情感的复苏，不是因为"旧声"的主人，而是因为生活当中，又出现了一个新人——小周后。

偶然的一次机会，和朋友讨论起这句的"新声"，他认为，在马令的《南唐书》中记载，当李煜获得了唐朝时期的名曲——《霓裳羽衣曲》，经过大周后的补缺后，"繁手新音，清越可听"。这里的新声是有特指的。因此，这女子定是大周后。

我却不这样认为，诚然，"新声慢奏"，定是与大周后有关，但也不能一概而论。虽然，宴会中，两人"暗相钩"，却不能尽情地倾诉衷肠，又成空，终梦迷。由于感情的不确定，李煜心中自然会怅然若失，就这一点，我觉得，此女子就不应该为大周后，而是大周后的胞妹——小周后。

宴会上，小周后用她那双仿佛包含着许多内容的眼睛，频频向李煜送秋波，而彼此的感情，只有两个当事人知道。这虽然让人有种神魂颠倒的刺激，但是，现实不允许感情明朗化，因此，这着实让李煜痛苦万分。

矛盾的感觉一直萦绕着李煜的内心，当他猛然间听到众人一片叫好声，才发觉，小周后的演奏已经结束，便语带深意地夸赞道："真是令人沉醉，适才，听了小妹的演奏，寡人才知，什么叫作'闻韶乐，三月而不知肉味'。"

听闻此言，小周后抿嘴一笑，一手掏出香罗手帕，擦拭着额头上沁出的汗珠，一边要求李煜为此填一首词。

李煜思忖片刻，吟出了这首《菩萨蛮》。人常道，曹子建有七步成诗之才，也只不过是一首五言绝句，而李煜，短短的一炷香工夫，便成就了一首词，这真真让人感叹其才华斐然。

　　词的上半阕很容易看明白，在场的人也只是不言自明，但这词的下半阕，则让人有些不知道如何做解了。这里，只能感叹，解铃还须系铃人，下半阕词只有小周后才能心领神会。

　　情人之间，彼此拥有秘密，这种感觉很奇妙。小周后知道，这首词是李煜专为自己所作，这不禁让她心生窃喜之意。这词的下半阕，还要从那日赏花说起。

　　赏花这天，李煜作为东道主，邀请小周后进殿休息。殿内，早已准备好茶点酒菜了，来自西域的歌舞团也准备就绪，可是，那天，李煜的母亲圣尊太后因为身体不适只能中途离场，小周后代她赏花。

　　酒席间的酒酣耳热，谈笑风生自不必说。借着酒劲儿，李煜向小周后讲起了"麝囊花"的由来。

　　过于专注，李煜竟然没有发现，此时已经夕阳西下，而殿外，不知何时，下起了一阵小雨。

　　虽然，和小周后谈古论今是一件畅快的事情，但这两个人一直都没有开诚布公地说出对彼此的感觉。

　　此时李煜的心中，还有很多话要对小周后说，岂一个"欲罢不能"就可以形容的。这次相会，"未便谐衷素"，现实让他们二人只能够"宴罢又成空"。

　　这种欲罢不能的感觉，对于正在热恋的人儿来说，无疑是最残酷的折磨。这首《菩萨蛮》，同样把偷情的二人刻画得如此之形象，真可谓大胆直露、不拘礼制。其中，所蕴涵的委屈异常深沉，虽为偷情，却让我感觉有一种清丽明艳的别致。

　　在史书中没有明确记载，李煜和小周后二人之间的偷情，具体从何时开始，但我想，最晚也不超过小周后十四岁那年。

小周后是一位拥有天姿国色的美女，但她的姐姐也并不差，拥有仙人之姿、多才多艺，大周后的美丽与才华毋庸置疑，为什么李煜还会选择小周后呢？

除了大周后病榻之中的憔悴容颜外，还有一个很重要的原因。在这个世界上，人的内心是极其复杂的。

这要从李煜小时候说起，因为"重瞳""骈齿"，他受到了父亲的喜爱，再加上李煜在词作方面展露的才华和音乐方面的深厚造诣，也许，他天生就是要做"词中之帝"的人物，旁人需要一番刻苦努力也未必能拥有的能力，他轻而易举就拥有了。可以用"天才"来形容他也不为过吧。

像李煜这样的才子，天生就是一个浪漫主义者。身边围绕的女子，没有一个是庸脂俗粉。

很难想象，生活中处处都可以用完美来形容的男子，他心里会不会有好与坏的区分。也许，就是因为完美，李煜才觉得，这完美还总是缺少点儿什么。小周后这个美丽活泼的女子，定是给他带来了不一样的感觉。所以，李煜才奋不顾身地投入到了这段崭新的恋爱中，顾不得别人的感受，这别人，指的自然是大周后。

世间的哪一个女子，都不愿意让心爱的人看到自己憔悴的面容。这让我想到了有关汉武帝的相关传说。

> 北方有佳人，
> 绝世而独立。
> 一顾倾人城，
> 再顾倾人国。
> 宁不知，
> 倾城与倾国，
> 佳人难再得。

这是汉代宫廷乐师李延年的一首诗歌，打这开始，对女子的美貌，开始用"倾国倾城"来形容。

诗歌中的这个女子，就是李延年的妹妹。后来，由于哥哥与平阳公主的推荐，这位倾国倾城的美人，成为了汉武帝的宠妃，她就是历史上的李夫人。

这位李夫人，不仅是位美人，也是一个心思缜密、聪明绝顶的女子。入宫没有几年，倒是应了"天妒红颜"这句话，这位李夫人染病，进而久病不起。当汉武帝前来探望的时候，李夫人以被覆面，拒绝汉武帝看到她的病容。

处于深宫之中，李夫人知道"色衰爱弛"的道理。拒绝见汉武帝，不仅没有激起汉武帝的愤恨，反而激起了他的怜悯和痛苦，李夫人香消玉殒后，汉武帝把她的兄弟们都一一封了官。

汉武帝对其思念异常，竟然请了方士招魂。作为一代君王，对于后妃的死，悲痛得无以复加，感情是其中的一方面，最重要的，应该是李夫人所用的心理策略。

大周后同样是位聪慧的女子，这样的道理，她怎会不知，只不过，她把希望寄托在了彼此的感情上。李煜，她再了解不过了，有着文人所具备的一切多情的因素。只是，她没有想到，这个第三者，竟然是自己的胞妹。

不过，感情的世界没有绝对，旁人也无权指手画脚，对于发生在千年之前的这段往事也同样如此。

寻春须是先春早，看花莫待花枝老

　　李煜所在的那个温情的时代在历史沉沦中早已远去，唯一不变的只有李煜带给我的那份独有的温情。

　　现在想来，李煜的温情有些许法国式的浪漫情怀，但在我的心里，李煜的浪漫却又远远地超出了法国人的浪漫定式。李煜的浪漫是一种"粗服乱头，不掩国色"，在举手投足之间尽显一代"词中之帝"的洒脱。

　　李煜的温情有着泰戈尔的天真，然而，泰戈尔亦不如李煜，虽然，泰戈尔和李煜一样出身显赫，但他安定、富足地度过了一生，诗中所流露出来的天真，是不掺杂任何苦情和泪水的。《飞鸟集》向世人充分展示了泰戈尔的温柔与多情。

　　然而，《飞鸟集》中所表现出的是一个极度富有爱国主义、民族主义精神的泰戈尔，在泰戈尔另外的诗集中，向世人一次又一次展示着他多元的精神理论。

　　由此说来，泰戈尔可算作是一个思想多元化的诗人，从某些角度甚至可称得上是一位民族战士，但却不是一个如李煜般天真的诗人。

　　曾经有人将李煜算作是一位纯情诗人，我曾经也一度认同，但现在细细想来，如果用纯情来评价李煜，倒是与李煜词作中所表现的情怀失之千里。

　　李煜的天真是比较原始的，正如一个未知世事的赤子般的纯洁，可能因为这个原因，倒让他的天真要比泰戈尔或是任何一个诗人、词人要脆弱得多。他所拥有的这份天真让他注定无法担负起命运的坎坷，而他的生命也只能注定经不起一番亡国臣虏身心巨创的风雨消磨。

李煜的诗作只是个人欢乐、苦楚的一种宣泄——像一个感情脆弱的孩子般向人倾诉他的欢乐与哀愁，也许是这个原因，所以他的诗作总是让人感同身受。

李煜早年的诗作多是以描写宫廷生活的男女情爱为主，因此，词评家对此并不看好，而晚期的亡国血泪词却获得了颇多的盛誉。单从这一点，我为李煜鸣不平，仅仅因为前期作品的内容而不被看好，这未免有些太过肤浅了，也许是因为各大词家并不真的懂李煜，我这个无名小辈，不敢妄做断言。

真正懂他的人，应该以一种摒弃尘世杂念的心情去感悟李煜的词，如若这样做，也许就能够感悟到李煜前期词作神俊飞逸的个人情怀。

> 寻春须是先春早，看花莫待花枝老。缥色玉柔擎，醅浮盏面清。
> 何妨频笑粲，禁苑春归晚。同醉与闲评，诗随羯鼓成。
>
> ——《子夜歌》

这首《子夜歌》写的是宫中享乐的生活。举办酒宴，对李煜来说，实属常事。可这一次，李煜却觉得异常兴奋，其中的原因，只有他自己知道——小周后也会到酒宴上来。这真是醉翁之意不在酒。

那一个夜晚，李煜和小周后尽情地约会，真真应了《菩萨蛮》中的那句——教君恣意怜。现在回味起来，李煜仍觉畅快淋漓。张九龄在《赋得自君之出矣》一诗中，曾说："思君如满月，夜夜减清辉。"李煜觉得，用这首诗来形容这段时间他的心情，再合适不过。

那次赏花，最后只剩下了李煜和小周后二人，对于热恋中的两个人来说，是一个大好的时机。李煜趁此良机，展开宣纸，为她作了这首《子夜歌》，许是怕小周后不知道其中蕴含的深意，李煜还在开头的两句加上了圈点。小周后，是多么聪慧的女子，自小熟读唐诗，片刻之间就明白了其中蕴含的典故。

这是与唐朝诗人杜牧有关的爱情故事，后人为之取名为"人面桃花"。那时，杜牧还是一介翩翩少年郎，当他路过潮州的时候，与一美丽少女相遇。当时少女年龄偏小，实在不适合婚配，于是两人约好，十年之后，杜牧带着聘礼，前来迎娶她。

过了十年，在石榴结子的季节，杜牧重游故地，本以为这次能够顺利地抱得美人归。可是，这位女子，早已经嫁为他人妇，成为了两个孩子的母亲。

杜牧自然懊悔异常，可又无可奈何，于是写下了一首名为《叹花》的诗——"自恨寻芳到已迟，往年曾见未开时。如今风摆花狼藉，绿叶成阴子满枝。"

李煜为何引用这个典故，我想，小周后心里自然十分清楚。在这段时期，小周后和李煜之间的感情，随着频繁的见面与书信往来，变得如胶似漆，已经不再是亲属的范畴，而是有着恋人所独有的那般感情。

一日不见，如隔三秋，感情的迅速升温，或许，这也有一些客观原因存在。《列女传》和《史记》等书，记载了娥皇、女英姐妹二人共同嫁给舜帝的传说，让李煜和小周后本来有些愧疚的内心，变得充满了奇妙的遐想。李煜觉得，小周后即为女英，把她纳入后宫，这是天经地义的事情。而在小周后的心中，李煜简直就是舜帝转世，而自己，也理所应当地嫁给他，与姐姐大周后共同服侍李煜。

即使两人心中都存在遐想，在我看来，李煜更理直气壮一些。而小周后，每每想到姐姐对自己的好，终归是要犹豫片刻的。然而，人总是会愿意相信自己相信的事情。虽然时时告诉自己，一定不要越雷池半步，切不可夺姐姐所爱，更何况，如今的姐姐还在病榻上长卧不起。

而另一方面，她还在不断地怂恿自己，男女两情相悦，本为人之常情，更何况，古代的娥皇并没有嫉妒女英，而是对胞妹予以宽容，那么，姐姐也是能够宽容我的。

小周后就这样不断地自我暗示，终于，她与李煜走出那实质性的一步。然而，世上没有不透风的墙，大周后，这个皇宫之中最后一个知道此事的人，已然知晓，不日，竟然和着爱子的死讯驾鹤西去。如此哀痛决绝的成全，是出自本心还是无奈，无人知晓。

　　也许，大周后的离世是对李煜与小周后感情的一种考验，李煜已经沉浸在爱子与伴侣的伤逝中悲痛得无法自拔。"鳏夫煜"的自称，尽显他对于大周后曾经真挚的感情，这个称呼，给了小周后不小的打击，但她此时又能做什么呢？只能一步一步地坚持走下去。因为，她的命运，早就在当初做选择时，与李煜牢牢地连在了一起，无论是悲欢离合，抑或生死荣辱，她都理应与之共同分担。

　　除了安慰李煜，小周后还代替大周后侍奉圣尊太后，尽显贤妻良母的品德。从此以后，她就成为了李煜身边的唯一女子，彼此寸步不离，生生把六宫粉黛当成了尘土。

　　小周后，同她的姐姐一样，知书识字，深谙音律，并且好焚香，自己亲手制作了焚香的器具。每日，垂帘焚香，整个宫殿到处充满了香气，小周后静坐在宫殿中，李煜每每看到此景，总是会想到初见时的情景。

　　也许是爱屋及乌的原因，李煜喜爱小周后，我竟然也对这个女子产生一丝好感。也许，是对李煜的感情太过于执着，所以，她选择了伤害姐姐感情，来成就自己的爱情。虽然有些残忍，但也只是性情中人，作为一位历史的旁观者，没有权利对她的感情做过多评价。

　　此时，我想，李煜心中已经容不得其他的人或事，再一次投入到新的感情中。也许，这真应了那一句断言，李煜是不适合做皇帝的人物。即使，他心有不甘，但最终落得个"违命侯"的称呼，也不是全无原因的。

　　想来历史真是充满了巧合，历史上像李煜这样不适合做皇帝的大有人在。宋徽宗就是这么一位。

　　当李煜成为"违命侯"之际，宋太祖曾多次说："如果把那些镂月裁云的功夫用来治国，岂能让我俘虏？"

宋太祖一定没有想到，自己的这番话有着很强的预见性的，当赵宋王朝传到第八代的时候，宋徽宗与李煜也相差无几。

宋徽宗，同样不适合做皇帝，却是一位造诣颇高的书画名家。他曾经召集全国的作家切磋画艺，为了公平起见，他亲自命题：深山古寺。所有画家依照命题作画。

经过了几天时间的准备，画家们都纷纷交出了答卷，其中，除了一人的作品，其他的画作画出的全都是深山林木的中央有一座金碧辉煌的寺庙。那与众不同的一幅却是深山古道旁，山泉飞流处，有一个正在打水的老和尚。

宋徽宗对此作品十分满意，还为此画题词：深山藏古寺。其对绘画的高超品位，可见一斑。

李煜让我们记住了"最是仓皇辞庙日，教坊犹奏别离歌，垂泪对宫娥"。而宋徽宗则让后人都记住了"靖康耻"，他也被金人封为"昏德公"。

李煜和宋徽宗相似的地方太多了，不过，这相似之处最为明显的，则要数二人都是属于浪漫主义的皇帝。

在文学创作上，李煜有着"眼色暗相钩，秋波横欲流"的浪漫，而宋徽宗则有"软绣屏风小象床，细风亭馆玉肌凉"的缠绵悱恻。

在这里，不对这二位在政治上的失误做过多的评说，只是想感叹："为君为帝，不得要领，词高故国亡，画好山河破，命运无常，令人几多叹息！"

第四章

故国梦重归,觉来双泪垂

算来一梦浮生

每当世人提起南唐后主李煜,总会想到这样的评价之词——生于深宫之中,长于妇人之手。王国维也曾对李煜如此评说:"温飞卿之词,句秀也;韦端己之词,骨秀也;李重光之词,神秀也。词至李后主而眼界始大,感慨遂深,遂变伶工之词而为士大夫之词。"

的确,成为亡国之君后,李煜的词作眼界大开。这也许就是上天开的一个玩笑。只有在经历人生的痛苦转折后,才能写出更好的词句,这让我想起了很多佛教故事。想要成佛,首先要经历很多磨难,只有在磨难中坚持住,才能修成正果。

李煜,终其一生,快乐的日子很短暂,在书海当中自在遨游,和僧人谈古论今,是何等惬意的生活。可是,一朝国破家亡,虽然没有成为阶下囚,但是,看人家的脸色过日子并不容易。

食不知味,夜不能寐,短短八个字,足可以概括李煜投降后的生活。

昨夜风兼雨,帘帏飒飒秋声。烛残漏断频欹枕,起坐不能平。
世事漫随流水,算来一梦浮生。醉乡路稳宜频到,此外不堪行。

——《乌夜啼》

昨夜风雨交加，本来就烦躁得难以入眠，可是，屋外的风声、雨声和树叶被刮起的哗哗声，吵得词人更加烦躁。屋外是一幅凄凉的秋声图，可屋内的景象，也同样让人无法安眠，残存的烛光摇摇欲坠，昏暗的烛光，本会让人昏昏欲睡，可是，词人没有丝毫的睡意，在床上辗转难眠，烦躁。不仅是这个晚上，投降后的每一日，每一夜，烦躁都如影随形。此时已是夜久更深，秋风秋雨在窗外不停地提醒词人，这个难眠的夜晚马上就要过去。可是，凄苦的生活是不是也即将结束呢？

显然不是，这样的日子不知道还有多少，可能会无穷无尽吧。人往往会在特定的时候想起以前的事情，这些事情也许是悲伤的，也许是充满了欢笑的。

欢笑？多么讽刺的事情啊，短暂的欢乐时光，是不是要以余生的凄苦、忧愁作为代价呢？如果是这样的话，命运未免也太残酷了。

无法平静的内心，让他再也躺不住了，坐起身，此时，能做什么事情呢？可能只有回忆了吧，虽然回忆是极痛苦的，却也无法克制。

感叹，人生很多时候正如一场梦。梦境不也是这样吗？虚无缥缈，短暂、易变，而且不能把握。世事无常，生命如流水一样，一去不复返。

苏轼在《念奴娇·赤壁怀古》中曾说："人生如梦，一樽还酹江月。"这千古名句，蕴含了苏轼对坎坷人生的无限感慨，颇有些超凡脱俗、大彻大悟的味道。

无论是谁，哪怕是古今大家，都只有在遭受过坎坷命运的折磨后才能有此感叹："一壶浊酒喜相逢，古今多少事，都付谈笑中。"

作为一个在凡尘中打拼的人儿，有时甚至会想，不要大起大落的生活，也不要成为大家，只要在自己编织的梦中过美好的生活。可有时也想，命运不是谁能左右的，自己的想法未免有些小家子气。

李煜的梦，依然如现实一般，美好的事情少，更多的时候是愁苦。怎样才能把梦做得美一些，以此来缓解令人窒息的现实生活呢？可能就只有酒了吧，醉生梦死间，忘却困境。

借酒消愁愁更愁，无论如何，总归要面对现实。美酒带来的美梦易醒，可如噩梦般的现实却难以逃避，不知何时才是个尽头。因此，李煜词中无处不在的梦境也就有了最为合理的解释。

无可奈何，想留却不知道怎么留，只能无奈而又悲伤地放任自流。虽然充满了不舍，可是，李煜知道，再多的努力也是徒然。

这首词，属于李煜所作的《乌夜啼》当中的一首，全词写得很静，充斥着绝望和孤寂，又有着对残酷现实的了然和无奈。这正如江水一般，也许表面很平静，可是谁又知道，下面的水流有多湍急，这算是用默默无语来表达内心的痛苦了吧。

每当读起这首词的时候，总会感受到一丝丝禅意。正如前面我讲的那样，这首《乌夜啼》远没有其他两首那样有名，引人深思。即使它没有如同美玉般的妙句，可整合起来，却也浑然天成，美不胜收。

"醉乡路稳宜频到"，多么随意的一句话，可能每一个醉酒之人都会说出来吧。使人听后会嘲笑这个醉酒的人，可是，后面的"此外不堪行"又让人把这嘲笑生生地咽下。紧随其后的是为之心碎、感叹，到底是怎样的无助之人，才能说出如此的话呢？

璀璨的浮华，转瞬即逝，留下的是更多的哀愁，最终，璀璨在风中、雨中、树叶的哗哗声中瞬间破碎。

李煜的回忆，是杯冒着阵阵热气的清酒。双手紧握住，想要驱走心中的寒，殊不知，手握得越紧，伤得越重。

窗外的风夹杂着秋雨，婉转地飞舞着。它似乎在唱着一首缠绵、哀婉的歌，这首歌是为李煜所唱，也只有当事人听得懂，感受得深。

回首往事，萧萧秋雨，渐沥在他乡，就此停歇，真是让人愁断肠。

窗外的雨声渐渐急了，正如歌曲的音律一般，弹得让人心慌。

浮华、轮回、过往，一切已成空，静静地听着，任凭心绪也似秋雨一样杂乱无章。

表面的平静,掩盖不了坎坷的过往。论权势,他生在帝王之家,也曾权倾南唐,论才华,他满腹经纶,时而谈古论今。可是,最终,他手中的权力消逝,南唐灭亡。是否他的文字也因此而荒废了呢?

显然不是,李煜的文字浸染了每个读过它的人,使其为之疯狂,为之感叹,一代骄子,一代江山,葬矣。而我们,何其有幸,能在逝去了的历史的见证下,阅读他那一卷一卷用心血写成的词,以此来缅怀他。

可是,即使沉重,我也甘之如饴,正是这种沉重,才让我对李煜的遭遇感同身受。也只有在古人已然犯的错下,我才感受到自己还在这滚滚红尘中辛苦地活着,心中也算有个安慰,如此甚好。

现在看来,朝代的更迭,只是历史的抉择,在优胜劣汰之下,注定会有像李煜这样的失意人。即使有很多无奈,也有无限的勇敢,这位集才情于一身的皇帝,除了愁,他还能做些什么呢?

还是那一夜,嘉敏又进宫去了,这时的李煜已经无法去问她为何在宫中久久不归,他不能问,更不敢问。带着这浓郁的愁绪和思念,李煜下了床,书桌上有时刻准备着的纸和笔,写下了这首《乌夜啼》。

"起坐不能平",李煜的眼神在这句词上辗转流连,叹息,现实和梦境早已混成一团,分辨不清。在梦中,有着歌舞升平,有着大周后,还有着小女儿姿态的嘉敏,更有着还算稳定的统治。

生与死,梦境与现实,已经没有什么区别了,甚至可以说,梦境更值得留恋。来到开封之后,从最初的痛苦,到现在的麻木,即使如此,李煜过的不是蒙昧的生活,他只是把对故国、过往的思念隐藏起来了。忘记,是万不可能的事情,李煜只能把他越积越深的愁苦,埋藏在强颜欢笑下,越埋越深。

每次读到这首词的时候,都有越来越深的体会,夜深、人静、无人陪伴,听窗外的秋雨,三杯两盏的愁酒,一夜宿醉,美梦如期而至。尝到了美梦的甜头,便不愿在孤苦悲伤的现实中徘徊,而是让自己醉得夜里不懂白天的白、醉得白天不懂夜的黑。从前的李煜喜爱饮酒,但那时,通常都是把酒言欢,说不出的逍遥自在;而现在,只能算是一个借酒消愁的落魄醉汉,虽然为之心痛,但是却也无可奈何。

在了解李煜之初,心中总会描绘着他的容颜,虽然已经过去千年,但是,在我的脑海中,他还是那个充满了愁绪的无奈之人。静静地伫立在牢笼般的亭台楼阁上,虽然他既没有统一天下的雄心,也没有把国家治理好的壮志,但我深知李煜的痛与哀愁:江山易主,物是人非。他总是一言不发,好似浓郁的哀愁已经让他失去了语言能力,只能悲观地想象着故国的满目疮痍,斗转星移,沧海桑田,唯一不变的是他那颗充满了伤痛的心,千疮百孔,回想过去,不堪回首。

虽说他把所有愁思埋藏在内心深处的一个角落,可是,他还总是言愁,即使故国早已成为了历史,回想往事,痛彻心扉。我相信李煜的感染力,即使身在千年之后的我,仍然能够感受到他的愁与恨。

李煜的恨与哀愁,统统都在不堪回首的往事中。他的往事,可能随着时间的消逝而掩埋在历史的尘埃里。但是,何其有幸,我能够品读他的词,念他的名,咀嚼他的过往,就让金陵的那些风风雨雨变成震撼千年词坛的佳句。在每一位有心人的唇齿间婉转回荡,把他的眉,他的眼,他的所有,全部都刻在心上,铭记。

每到夜晚的时候,人总会进行自省,李煜也是如此。我想,此时,李煜一定是又想起了从前的繁盛与奢华了吧。也许,想的次数多了,就连自己都觉得索然无味。世间的所有事情,最开始有多么灿烂妖艳,日子长了,颜色都会变得暗淡无光,当时燃烧得再怎样浓烈,也是会有尽头的。

如此想来,尘世只不过是朵巨大的花,有它自己的规律,当人们惬意地坐看云卷云舒之际,哪承想,自己也是这风景的一部分。

李煜明白得有些晚了，所有事情已成定局。感慨，成了他唯一能做的事情，时间慢慢消逝，世间的一切，无论繁盛与萧条，都会卷入历史的长河。千帆过境，自己只是岸边积砾中的珠玑，谁还会知道自己曾经的辉煌与哀伤呢？

　　人世茫茫，众生苦恼。这样普度众生的口吻，我想似乎要更甚于慧能禅师"本来无一物，何处惹尘埃"的觉悟，也能比得上李叔同先生抄写《晚晴集》时的闲适与释然。

　　其实李煜只是深有所感而已。人常道："要想度人必先度己。"若连自己都无法说服，对众生说教，也不过哗众取宠。悲悯是比怜悯更沉重的词。怜悯就像是一场泼天洒地的久旱甘霖，未发一语泪先横流。悲悯则是相逢落魄歌女，未必天涯沦落，却已悄然无息，心弦暗断。

　　李煜是悲悯的，命运不该给他套上沉重烦琐的桎梏，这对于任何有心人皆是如此。

梦回芳草思依依

晓月坠，宿云微，无语枕频欹。梦回芳草思依依，天远雁声稀。
啼莺散，馀花乱，寂寞画堂深院。片红休埽尽从伊，留待舞人归。

——《喜迁莺》

最初，读到这首词的时候，看到了李煜词中熟悉的梦境，还有满腔的思念，伤春的情怀，误以为这首词为李煜前期抑或是中期的作品。可是，慢慢地，随着了解的深入，我倒是觉得先前的猜测并不准确。

这是一首思念之词。天色，即将破晓，昨夜的云朵慢慢地散了，此时，正是月落云散的时刻。四周都是静悄悄的，人们都在熟睡，可是，此时，还有一个人整夜未眠，他花了一个晚上的时间来观察夜空中悬挂的月亮和天上的云朵，是他有这个闲情逸致吗？显然不是，他只是一个正被思念折磨的苦命的人，让他难以安眠的，是梦中的芳草——心中深深思念的女子。

他多么想拜托大雁，为他传达自己的思念之情啊，无奈，"天远雁声稀"。满腔的思念找谁诉说？思念的人儿杳无音信，更是不知归期。相思难寄，佳人未归，只有那如芳草般连绵不绝的思念，陪伴着他。

长夜漫漫，压抑难挨，有时，许是上天可怜这个寂寞的人，于是派来一些鸟儿与他为伴。怎奈鸟儿顽皮,长夜未尽,就已经啼叫着四散开来。又一个春天渐渐走远,花儿纷纷坠落,眼前,竟是一片暮春时节的景致。为何时间会过得如此之快,是为了衬托思念的人儿的寂寞愁绪吗?春日里的景致,是多么美好,可也是很容易消逝的,眼前的落花,不正像一去不复返的青春年华吗?

命运真是残酷,生生把如此美妙的东西销毁。落花满地,更生离人的愁绪,莫不如把庭院打扫干净,眼不见心静,岂不是更好?

这个念头刚在脑海中闪现的时候,就已经被词人打消了。他觉得,任由着落叶铺满庭院也是一件不错的事情。就将它留给不归的人看吧。让她瞧瞧,时光就像这落花一样,逝去了,就再也回不来。

不经意间发现的满地落花,也许,在下一个不经意的时候,就已经发现自己的青春不再。生命无常,却也十分短暂。心爱的人儿啊,莫要虚度时光,如此美妙而短暂的时光,不是应该和爱人一同分享吗?

想来,挽留爱人离去的脚步的方式有很多种,种种都可谓发自肺腑的,诚恳至极,为何要选择一种隐忍、含蓄而又作用甚微的方式呢?也许,在某些人看来,这种方法无意义,但是,这却是词人唯一能够做的事情。其中充满的,不仅是对爱人的思念,更多的,是内心中深深的无奈。

"生于深宫之中,长于妇人之手",这是王国维对李煜的一个较为中肯的评价,的确,李煜就是一位这样的皇帝。因此,女性在李煜的生命中有极其重要的作用。梦中的情景,具体是怎样,词人并没有写得很清楚,而是简单地用了"梦回"二字,把我带到了充满迷离之感的梦境中。梦中多少事,不着一字,只给我们留下了"芳草思依依"此等朦胧的梦影残痕,充满了"梦"所独有的迷离之感。

"庄生晓梦迷蝴蝶",这是李商隐的诗作,两相对比一下,意境颇为相似。梦境的亦真亦幻,使人分不清到底是回到了现实当中,还是仍在梦境中徘徊。其中的种种奇幻感觉,外人往往不得而知,因此,梦境总会让人感到一种多层次的美。

在亦睡亦醒间，词人恍惚着。整个夜晚，他都在看着外面夜空中的景致，思考着梦的情状，思绪正如逆势般翻腾，片刻不得安宁。

人道是，"多情自古伤离别"，即使在梦中，离别的思绪仍在继续。梦醒了，人还是睡眼惺忪，遥远的夜空，心境使然，只能用满满的一腔惆怅去面对。芳草依依，咫尺天涯，空留浓浓别恨。

"芳草"，这个充满了惆怅的事物，代表的不仅是词人思念的人儿，更是心中那浓浓的思绪。这让我想起了李煜的《清平乐》："雁来音信无凭，路遥归梦难成。离恨恰如春草，更行更远还生。"这两首词在意境上相通，真可谓此相彼印，意趣明晰。

每每读到李煜的这首词，只能感叹他深厚的文学底蕴，梦中难以实现的空白，已经被"舞人归"这虚幻的意象填满。词人至深的思念之情也曲折地表现出来，像烟水般迷离，自然灵妙，旁人不可及。

孤枕、长空，一放一约的意象，呈现得淋漓尽致。在李煜的手中，有生花之笔，无论大小远近高低巨细的意象，只要入得了李煜的眼，一经渲染，就已经算是完美的艺术品。而其中，修饰的痕迹已经无处可寻，真可谓如行云流水般自然、真挚。

唐代诗人白居易在歌咏唐玄宗与杨玉环爱情时，吟唱出了"落叶满阶红不扫"的千古名句。相比之下，李煜则用"片红休扫"这种委婉而深沉的感情，表达自己的思念，真可谓异曲同工、妙不可言。

词人百转千回的愁绪，皆是为抒发自己的思念之情。独立暮春，本是伤怀之事，佳人不在身边，更令词人愁断了肠，这种愁绪，怎么才能解除呢？我想，只一个"舞人归"即可。这一个"归"字用得甚妙，虽然这首词已经到了尾声，而词人的思念，却无穷无尽，直至读者的内心，可谓意味深长。我想，这就是"言有尽而意无穷"吧。

《喜迁莺》并非李煜一人独有，为这个词牌作词的还有很多，除却李煜的这首，晏殊的《喜迁莺》也为我所喜爱。

> 花不尽，柳无穷。应与我情同。
> 觥船一棹百分空。何处不相逢。
> 朱弦悄，知音少。天若有情应老。
> 劝君看取利名场。今古梦茫茫。

晏殊的这首《喜迁莺》为赠别之作，与李煜词作风格有着明显的区别。"花不尽，柳无穷"，词人借花、柳等美好易逝的事物衬托离情。

花、柳的生长衰落，类似于人生的生死、盛衰，也同时有着聚合离散的必然经历，苦乐悲欢蕴于其中。

离情让人悲戚，词人故作旷达，一醉解千愁，强示洒脱。其中，劝解之意明显，真真有种"人生何处不相逢"的洒脱。诚然，这番劝抚充满着真挚之意，但词人虽努力挣脱离别给人带来的既复杂又痛苦的心境，倒真真表现出了内心深处的那一种无奈。

"劝君看取利名场，今古梦茫茫"，使人深深感叹，盛衰浮沉，皆是人世的规则所在。人们，无论多么强大，也只能在名利场尔虞我诈中抚念今昔，恍然如梦。

读到李煜词作的时候，总会有种"近乡情更怯"的复杂感情，既想徜徉在词作的精彩中，又害怕时时被其中泛起的愁绪所左右。

人都说，李煜的文学创作，以国破为分割线，分为前期和后期，较于前期的"在欢乐中可窥见一二哀伤"的特点，我更为喜欢后期的作品。后期的每一首词作，都生生让人痛彻心扉。词人的愁苦被毫不掩饰地表现出来，似乎，在人们面前撕扯自己的伤口，是一件颇为快意的事情。李煜就是这样，痛快的时候放声大笑，而痛苦的时候，则会痛哭流涕。

李煜词中无处不在的愁绪，是通过亲身体验而提炼出来的，是在特定环境下凝练出来的特定感情，丝毫没有苦心雕琢的痕迹。

似乎，他的作品中总是在宣泄着内心的真实感情，但又不像旁人那样内涵空乏。有时候，李煜也试着含蓄，这种蕴藏着含蓄的作品，往往在意味深长中流芳百世。

"剪不断，理还乱，是离愁。别是一般滋味，在心头。"这是归宋后李煜的作品，词人把可想可感的离愁毫不掩饰地表现了出来。强烈的孤独感充斥其中，他的恨太多了，既有丧失国土的恨，又有爱妃蒙受耻辱的哀号。

这怨恨是无法让人理出头绪的。对于一般人来说，"心中得胜暂抛愁"，浮浅的哀愁可以洗掉。而李煜的哀愁，却是"剪不断，理还乱"的，真真要比"借酒消愁愁更愁"的愁绪更深刻。

由一代君王变为阶下囚的非一般的滋味，平常人也许一生当中都没有机会尝试。只要不是当事人，旁人自然无法领略个中滋味是酸、是甜、是苦、是辣，抑或是烦恼。是悔恨，说不清，道不明，这种无言的哀愁似乎要远远胜过痛哭流涕之哀。

李煜的愁，因为他的经历而显得如此之真实，如此之悠长。

每一个人都经历过痛苦的事情，也会哀伤、怨恨、痛哭失声，抑或是辗转难眠，可是，很少有人能把这愁绪真实地写出来。虽然这是情绪的宣泄，但也是自揭伤疤，何等痛苦的事，在李煜的笔下，竟也显得如此自然，勇气可嘉。

凭阑半日独无言

每当提到李煜所作的《虞美人》，都会想到李煜的绝命词——

春花秋月何时了，往事知多少。小楼昨夜又东风，故国不堪回首月明中。雕阑玉砌应犹在，只是朱颜改。问君能有几多愁，恰似一江春水向东流。

李煜的一生，创作了两首《虞美人》，都是创作于亡国后，身为阶下囚的那段日子。也许是因为这个原因，所以，两首《虞美人》的意境都是哀怨婉转的。

每当读起这首《虞美人》的时候，总会在脑海中浮现一幅生机勃勃的春景图。春天的景色，人们往往会用生机盎然、蓬勃向上来形容，春天，李煜在这个季节充满了对往昔的留恋。美好的景致，不再是李煜欣赏的对象，而是让他承受越来越多悔恨之意的媒介。

春回小院，春风吹绿了庭院的小草，也让那些柳叶相机而生，满园春色，李煜见之并没有感到丝毫欣喜。要知道，春景，是他一直深深喜爱的，现在反而对这春景产生了浓厚的幽怨。

春天，是万物复苏的季节。仿佛所有美好，经历了漫长的冬日，都可以重新再来。就这样，日复一日，年复一年，但是春天，对于李煜，却不是这样，所有种种，无法再重来。

惆怅，只为那如昔的春色与箫声，如昔的残月，仿佛眼睛所能看到的，耳朵所能听到的，都和往昔一样，没有任何改变。这怎么能不让李煜回忆起从前呢？

往昔，抑或是从前，单看这名字，就觉得心情愉快。李煜也是这样，他被自己的回忆带到了亡国之前。

那时，李煜还是一介皇子，小心翼翼地躲避着兄长的异样眼神。希望自己能够在一壶酒、一竿身中寻找如世外桃源般的生活。可是，后来什么都变了。

那时新婚，何其有幸，在新婚之夜，李煜对周娥皇一见钟情。

这个女子，集所有美好于一身，才貌非凡，竟然凭借着自己的力量，补全了《霓裳羽衣曲》。夜夜笙歌，通宵达旦，有时，许是累了，二人面对面，相看无言。这无言，倒不是有些相看两厌的意味，而是，彼此心意相通，此处无声胜有声而已。李煜觉得，唐玄宗和杨玉环的爱情故事，并不像从前所想的那样，是无法触碰的神话。周娥皇，让李煜忘记了生在帝王家的遗憾，真的过起了寻常夫妻琴瑟和鸣的幸福生活。

有时，李煜也会想到小周后，这个可爱的女子，想来，两人也算是一见钟情。当李煜偶然间碰见正在小憩的她，久违了的心动感觉，再一次向这个词人皇帝袭来。她的纯，她的真，让李煜欲罢不能，好像又回到了当初那个青春萌动的时候。甚至有种冲动，想把全世界，都献给她，这是多么美妙的感觉啊。

李煜是一个多情的人，像中国历史上的所有文人那样，总是会对美好的人或物产生好感。也许，这就是他得以生活下去的源泉。

回忆对李煜来说，都是美好的。现实总归是现实，回忆也终究要回到现实中来。现实，这个让李煜疼痛的词，它长久以来对李煜的折磨，竟让他生出了一丝退缩之意。仿佛，只要和现实扯上关系的人或物，都能够在李煜伤痕累累的心上，再划上一道，鲜血淋漓。这样的伤，他注定了，只能一次次地承受。

曾经看过一篇报道，有人做过一次实验，将一只凶猛的鲨鱼和一群热带鱼放在同一个池子里，在池子的中间，隔上了一道强化玻璃。一边的鲨鱼看到对面的热带鱼，最开始的每一天，都在用力地冲撞那道强化玻璃，但所有努力只是徒劳。

实验人员每天都能给鲨鱼足够的鲫鱼作为食物，但长久以来，鲨鱼总是试图冲破那道玻璃，为的是想尝尝热带鱼的滋味。鲨鱼做了很多次尝试，但都没有成功。

一段时间后，鲨鱼打消了自己的想法，不再想去品尝热带鱼的滋味，每天只是悠然地等着固定的鲫鱼。后来，实验人员把中间的强化玻璃去掉，鲨鱼没有任何激动的反应，对游来游去的热带鱼熟视无睹。投放的鲫鱼逃到了水池的另一端，它也会迅速地折回来，不愿再去追。因此，实验人员得出了一个可笑的结论——这只鲨鱼是海洋中最懦弱的一只。

每当想起这个故事的时候，我总会笑着摇摇头，曾经被挫折伤过的人都知道，这伤痛的滋味，太过于激烈，让人无法忘怀。李煜也正是如此。现实的摧残，让他遍体鳞伤，心灵上的创伤，则更不用多说。无论是谁，都可以想到，国破家亡，沦为阶下囚，对曾经的南唐国主来说，到底是怎样的一番滋味。

并不是所有回忆都是美好的，这一点对于李煜来说，体会得尤为深刻。他始终有种感觉，这美好的现实，唯一的作用，仿佛就是在不断地提醒他所失去的，不仅有爱子、伴侣，还有南唐的江山和自由。

大周后病重的日子，李煜也没有好过到哪里，爱子的殇逝，让他在与小周后偷情的愉悦中渐渐清醒过来。而大周后病入膏肓，也终于让他回忆起了两人曾经的美好时光。作为一个旁观者，我不知道，这算不算是对大周后的忏悔，我也不甚明白，这样的忏悔算不算晚。

终归要感叹，天不遂人愿。虽然在临终之前，大周后原谅了李煜，但佳人的生命也走到了尽头。李煜痛失伴侣，悲痛异常，"鳏夫煜"可见一斑，此时，李煜不再在乎那些繁文缛节，尽情地宣泄他满腔的痛苦。

紧接着，似乎命运对李煜的嘲弄还未尽兴，不久之后，李煜从"鳏夫煜"，成为了痛失母亲的稚子。三年的守孝期，让李煜静下心来参佛，以为佛祖能够把他从苦难中挽救出来。但谁知，北宋军队的步步紧逼，让他的这个最卑微的愿望也化成为泡影。

　　四十年来家国，三千里地山河。凤阙龙楼连霄汉，玉树琼枝作烟萝，几曾识干戈。一旦归为臣虏，沉腰潘鬓消磨。最是仓皇辞庙日，教坊犹奏别离歌，垂泪对宫娥。

李煜在这首《破阵子》当中描述了当时的情景，"最是仓皇辞庙日"，在这最后的时刻，在供奉着祖宗的祠堂里，李煜是怎样的一番心情，任是谁，都可以说出一二。但我始终觉得，在这件事上，如果不亲身经历，始终是无法体会出其中的悲伤、悔恨、无奈与凄凉的。

为了南唐的百姓，李煜做出了这样的牺牲，在这一点上，我由衷地敬佩。从此以后，李煜的生活，只局限于违命侯府中。

登楼、凭栏、远眺故国的方向，成了他后半生的全部内容。其中的辛酸不必过多言说，无论是谁都可以想象到。

在这充满了悲哀的违命侯府，李煜时常能听到周围的丝竹声，这声音欢快无比，在李煜的耳中，却生生让人愁断肠。

此时的李煜，已经不再是当初的南唐国主，甚至可以说，以后都不会再成为那样意气风发的人。李煜所遭受的痛苦已经多得不能再多了，他已经麻木了。最初成为阶下囚，每当凭栏远眺还能发出一些慨叹。但此时，麻木的他，只能用沉默对待眼前的一切。

鲁迅先生曾经说过："不在沉默中爆发，就在沉默中灭亡。"此番话对李煜来说，他没有第二个选择。只能由慨叹，慢慢地转为沉默无言，最后，身死，也许是最好的结局。就让一切心绪在词里，化成一个亘古的永恒。

平日里，违命侯府也不是没有笙歌，李煜好像发疯了一般，一如往常那样肆意地放声歌唱，把酒言欢，似乎，想向北宋的当家人证明些什么。

此举，让人甚是心疼，这种做法，无疑是在消耗自己的下半生，用自暴自弃来形容李煜此时的状态，一点儿也不为过。他的心承受了太多，最后歇斯底里地爆发。不再顾及世人的眼光，不再理会那历史的评说。

笙歌犹在继续，手中的酒杯同样斟满了酒，看着春风已经把庭院中的一切植物吹得翠绿，冰封了一个冬天的池水也被春风吹开了。这样看来，春风，似乎具备着一种魔力，温暖着自然界的万物，但对于李煜来说，春风的作用却是使人更加地愁断了肠。丝毫不能温暖李煜的内心，自然，也不能让消逝的往昔重新来过。

香将尽，烛已残，人未老，而鬓先白，悠悠的画堂中，李煜只想独自一人。从酒宴上离开，没有人在意，没有人，这三个字，当真让人品出了苦涩的意味。

小周后，自从跟着他进了违命侯府后，隔三差五地被赵光义以太后召见的名义宣进了宫。从最初的愤慨，到无奈，直到现在的听之任之，李煜也不想再多说什么了，他又能做什么说什么呢？

每次面对着小周后的哭闹，李煜这个文弱的书生，只有无可奈何。人总会在最初的抗争下，被残酷的现实打磨得慢慢麻木。

其实，李煜心中还是痛的，男人，丈夫，国主，无论是哪一个身份，都忍受不了赵光义强加于自己身上的屈辱，可又能怎样呢？李煜只能隐忍，也许是这个原因，两个曾经互相扶持的爱侣，竟然变得如此陌生，越走越远，这又和分离有什么区别呢？

李煜已经愁苦得不能自已，身边无人倾诉，李煜也不愿倾诉，因此，只剩下一种方法——克制。

即使春风吹绿了庭院的一草一木，春光明媚，今日的欢乐，也完全不同于昨日的欢乐。

眼前的一切，再怎么如同往日，也只是相似。正如词中所说的"似当年"，这个词语，大家都知道，无论怎么相似。却早已不是"当年"，如今的欢乐，自然更是无法代替当年的欢乐。

这首词，是李煜怀旧之作，词意朦胧，从这方面看，这首词和其他的词作那种直接袒露内心情感的特点似乎有所不同。

命运的捉弄，让一国之主变成了一介俘虏，可谓天上、人间的差别。虽然没有李煜的悲惨经历，但我可以想象得出其中蕴含的屈辱、悲伤，以及那些孤独和寂寥，一直在他的内心翻江倒海，使他不得安眠。这所有感受，似乎已经成了李煜的代名词，深深地打上了他悲惨命运的烙印，正如另外一首《虞美人》所吟唱的那般："问君能有几多愁，恰似一江春水向东流。"

自是人生长恨，水长东

> 林花谢了春红，太匆匆。无奈朝来寒雨晚来风。
> 胭脂泪，相留醉，几时重。自是人生长恨水长东。
> ——《相见欢》

一直以来，李煜的这首《相见欢》都是我心中的最爱，对这首词的喜爱程度超过了他的绝命词。总会在"林花谢了春红"的哀怨与婉转中，想到许多，而"自是人生长恨，水长东"这一句，我觉得，概括了李煜的一生。"恨"是他人生的主旋律，诚然，李煜的上半生，的确是过了一段惬意的日子，身边有着爱人陪伴，刻意地不去理会国家的忧患，生活过得畅快淋漓。

也许是后半生的哀怨过于深刻，因此，对李煜的印象全都集中在了他的后半生上。

人们都说，"林花"代表的是春天美好的事物，而"春红"则涵盖了春天所有绚丽的颜色。无论是"林花"，或是"春红"，都是如此这般的美好，实在令人心生向往。但就是美好的事物才易逝，突然之间的"谢了"，让人只能惋惜感叹——太匆匆。

世事皆有规律，无论是"林花"还是"春红"都会有凋谢的一天，这是自然界中的事物的规律，而人间之事也莫过于此。

"一物一事，引而伸之，触类多通。"这是周济在《宋四家词选目录序论》中对此规律所做的总结。世间万物，称得上纷繁复杂，但人类会联想，因此，很多事物都可以进行类比。自然界的景物，自然就可以与社会人事相通。

在这个方面，李煜词作中比比皆是。"砌下落梅如雪乱，拂了一身还满。"这是李煜在《清平乐》中对于自身凋零身世的感叹。同样，在这首词中"林花"与"春红"的凋零，自然也道出了世间万物的生命皆有终结的悲哀。

这是多么让人无奈的事情，每每想到这里，我总会感叹，为何美好的事物易逝，而那些可以烦扰人心的现实却总是残酷地摆在人们的面前，甩也甩不掉。

对李煜来说，也许最让他心酸的是这句"林花谢了春红，太匆匆"。作为一个风流的才子皇帝，转眼之间，从天上，一下子掉落到了人间，这也许是李煜此生遭遇的最大的震动。

好好的一个南唐，转眼之间就衰败得不成样子，这好似宿命的安排。李煜眼中的林花，哪里是美景，是寄托了他深深悲伤的亡国之痛啊。词的一开头，李煜用了仅仅六个字，就已经涵盖了他下半生的主要内容，当真让人感叹。

对人生、命运的感叹，有很多词作都出现了此类的内容，杜甫在《曲江》中曾说"风飘万点正愁人"，晏殊在《破阵子》中也曾描述"荷花落尽红英"。诚然，这都是难得的好词，但我总感觉，都比不上李煜的词作感情深厚。

"林花"与"春红"都匆匆地"谢了"，这实在令人惋惜。生命有情，当它们面临着衰败的时候，总会让人慨叹，美好的春景谢了，这就引起人们的感叹与惋惜。可是，李煜仍嫌不够，补上了一句"太匆匆"，让这惋惜、感叹之情更加突出。

残红狼藉，春天的脚步去得匆匆，这是不是预示着属于李煜的生命之春也随之匆匆而去呢？感叹啊，只留下破碎的春梦和残存的春心，无从修复。

在我看来，虽然这"太匆匆"感慨的是"林花"凋谢得太快，"春红"消逝得过于迅速，但这里不免掺杂了李煜对人生苦短的喟叹。显然，这"太匆匆"，是李煜不经意间发出的慨叹，显得颇为口语化，也许这就是所谓的"神来之笔"，放在这里不显突兀，反而让人有种悲叹昔日的繁华只是一瞬间的冲动。

世间所有美丽的事物都有一个共同点——脆弱，这娇艳的林花，只能在风和日丽的春日生存，朝来雨打，晚来风吹，柔弱的林花怎能消受得了这摧残？我想，这也许就是林花匆匆凋零的原因，美好的事物消逝了，这不禁让人对无情的风和雨有了一丝怨恨。

现实就是如此，人无回天之力，既不能保护这林花不被风吹，也不能保护它不被雨打，只能眼睁睁地看着风雨肆意摧残着林花，无能为力，可能就是这个原因，李煜才叹了一句"无奈"吧。

也许是因为"无奈"，所以只能任由其"无可奈何花落去"了。人道是，"一切景语皆情语"，"朝来寒雨"与"晚来风"，对林花轮番残忍迫害，可无奈的是，林花没有别的选择，只能任由其摧残施虐，而无法抗争。

许是林花的遭遇太过于悲惨，成为了李煜人生最大的震动，进而发出了自己的满腔怨恨——无奈朝来寒雨，晚来风。可是，林花面对这些摧残又有什么办法呢，没有丝毫的办法，更重要的是，没有信心来挽救自己的命运。

刚读完上阕的时候，心中竟然涌起了如此激烈的情绪，真真感叹李煜词作的感染力。

"胭脂泪"，这是"林花"遭受了风雨的摧残而惨淡的样子，像胭脂般娇艳的林花，看到美好的事物陨落，却无能为力，实在是一件难堪的事情。

如胭脂泪飘零的林花，让人不禁"相留醉"，观看得入了迷。不禁留下了些许的沉醉、哀思、迷恋与忧愁，想不开，又放不下，只能任由这种哀思充斥心头。

梨花带雨，花的眼泪，让人心生怜爱之情。不禁要问，是人对花的不舍，抑或是花已经感受到了这种感情，对眼前这个惜花之人也产生了一丝留恋之意呢？我想，两者皆有吧。

无论是旁观者的人，抑或是正在凋零的花，都是多情的。世事无常，多情的人或物，命运皆不会让他们过得太惬意。落花已逝，春归去也，而多情的人，也将亡矣，任是谁，我想，都能体会其中蕴含的婉转感情和凄婉的悲伤。

眼看着落花凋零，春已逝，绝大多数人都不会因此而放弃，生生地询问"几时重"？

何时重逢？当真是一个笑话，花落不能重开，而人死，定不会重新来过，因此，问出"几时重"，是不是显得有些可笑了呢？重逢，定是一件不可能的事情，只能存在于想象中了吧。

有时我也想，李煜不是什么寻常人，他必是知道重逢遥遥无期。只是借着这句深深的哀叹，把自己希望人花共同美好的愿望和其中无法实现的怅惘，用他特有的方式表现出来。

"几时重"，谁都知道，这是一个没有答案的问题。花无返故枝之时，而人也不能凭借一己之力而改变自己的命运，因此，只能感叹："自是人生长恨，水长东。"这恨，像滔滔的江水，无穷无尽，而这恨，更像江水一样，绵绵不绝。人生的真谛即是如此——人生长恨，流水长东。

也许是最后一句，李煜赋予的感情过于深刻，每每读起来，总会有呼喊过后的疲惫。每当想到，人生正如李煜词中所说，"人生长恨"，正如"流水长东"一样，心中总会生出许多怅惘。

李煜借着林花，抒写了自身的失意，这种情怀轻易地与我产生了共鸣。此外，这首词还涵盖了一些红尘憾事，其中，对人生有着很大的无奈慨叹，还融会与浓缩了无限的痛苦之意。

忽然记起，李煜崇尚佛教。后半生，他已失去了人生的一切，在这悲绪难平的时刻，李煜相信，这人生是无边无际的苦海，只有死亡，才是解脱。

世人皆认为李煜的绝命之词最为凄婉，但我觉得，这首《相见欢》才称得上最凄婉。黄昇在《花庵词选》中评说："所谓亡国之音哀以思。"

李煜将亡国之恨融合到人世遗憾中,使哀悼故国之词升华为叩问人生之词。李煜不再局限于他的国破家亡,他已经考虑到整个人生的意义。而对于人生的探求,是每个人都要面对的,这便使李煜的词有了广泛性,更容易被人们接受。

"林花谢了春红,太匆匆",他的南唐故国如是,春光如是,人生亦如是。"无奈朝来寒雨晚来风"现实总不遂人愿,人世之悲苦仅以这寥寥数语便含蓄而明了地展示出来了。我觉得,我们不必在李煜的词中寻找什么希望了,我们如若能体会到词里的悲苦,这就是希望。活着就是希望,李煜无时无刻不在践行着。

这首词蕴含的都是个人的痛苦与悲哀,但却有着一种博大深厚的感情,也可以这样说,虽然李煜是在抒发自己的情感,却又不仅仅局限于写一己之哀。种种感情,不仅有世事多变的无可奈何,还有年华易逝的怅惘,似乎涵盖了人类的悲欢离合,仅这一点,李煜就担负得起"词中之帝"的称号。

长久以来,我对李煜的感觉,不仅是单纯的喜欢,更多的是带了一种敬佩、敬仰以及怜惜的感情。

李煜的每篇词作,我都读了很多遍,甚至在一个本子上工工整整地写下了自己的很多感触,很多年都没有让我这样做的人或事了。

在这个写点东西都用电脑的年代,用纸和笔把心里的感触写出来,也不是一件容易的事情。总会在寂静的夜晚,认真钻研李煜的词作,抑或是一本不知被翻阅了多少遍的五代史。朋友笑我"癫",为了一个逝去了千年的人,可我始终觉得,李煜是值得用心去对待的。

《李煜传》是我读了很多遍的书,每隔一段时间,就忍不住拿出来翻阅一遍,而每一次,都会有不同的感受。我喜欢李煜的绝代风华,更热爱他历尽沧桑后仍然保持的赤子情怀,对于他儒雅的外表下隐藏的痛苦的内心,则是心生怜惜。

曲解也好，辩解也罢，总觉得，史书上对于他的评价——溺于声色、昏君，未免有些偏颇。

随着时间的流逝，历史会抹去很多东西，这一点是我一直以来都坚信的。五代十国，那个年代对现在的人来说太过于遥远，纷繁的乱世以及那些逐鹿中原的铁骑，纷纷被人们忘记。虽然会有很多人对李煜的身份、经历都可以淡然处之，但也会有很多人，在很多个不经意间，被李煜的词作触动了心弦。你我的心，虽然有些隐隐的酸涩，但更多的，则是李煜给予我们的感动。正如他所说的那样：这一生啊，正是"林花谢了春红，太匆匆"……

剪不断，理还乱，是离愁

无言独上西楼，月如钩。寂寞梧桐深院锁清秋。

剪不断，理还乱，是离愁。别是一般滋味在心头。

——《乌夜啼》

《乌夜啼》这个词牌，又名《相见欢》，最初在选择的时候，我毫不犹豫地用了《乌夜啼》这个词牌。虽然很多人更加热爱的要数《相见欢》，说实话，我也有这样的感觉，但没有这样做主要是因为，《相见欢》这个词牌太过于直白。的确，与思念的人儿相见，是人生的一大快事，但这快事，只能在脑海中想象，就不免让人唏嘘。

"金陵城上西楼，倚清秋。万里夕阳垂地、大江流。中原乱，簪缨散，几时收？试倩悲风吹泪、过扬州。"这是朱敦儒所作的《相见欢》。虽然，朱敦儒没有李煜那横溢的才气，但他的这首《相见欢》，我个人觉得，却和李煜的这首词，在表达的内容上十分相近。

在靖康之变发生后，开封已然沦陷。金陵，这片繁华的江南之地，成了朱敦儒的避难地。当总算有了一丝喘息的机会后，朱敦儒客居金陵，这是他登上金陵城西门城楼的时候所写下的。

登楼、登高，在古代诗词的创作中，总会带给词人诸多感慨。怀念故土，是此时绝大多数词人的感触。杜甫登高，有着"万方多难"的体会；李商隐登安定城楼，有着"欲回天地入扁舟"之感，而徐浑登咸阳城西楼则发出了"一上高楼万里愁"。不管在哪一个时期，不管出自于哪一位词人之手，这种登高怀故土的情感倒是十分一致的。李煜的这首词也是如此，"无言独上西楼"，抒发的则是心中那"剪不断，理还乱"的离愁，实为与之相同的情感。

李煜的两首《相见欢》，歌咏的都是离别的愁绪，怎能不让人心碎。

在中国的古典诗词中，梧桐树，一直是代表着愁情的事物。温庭筠在《更漏子》中云："梧桐树，三更雨，不道离情正苦。"李清照的《声声慢》："梧桐更兼细雨，到黄昏、点点滴滴。这次第，怎一个愁字了得！"诸如此类的词作，表现的都是愁苦的内心。

月色如钩，让人不禁仰望天空，看惯了人世间的悲欢离合，也同样，经历了无数次的阴晴圆缺，这月亮，本就容易勾起离愁别恨。仰望天空，梧桐叶想来本是茂密，无奈秋风本是无情物，被它扫荡殆尽。秋风留给梧桐树的，只是光秃的枝干和仅有的几片残叶，在秋风中瑟瑟发抖，任是谁，只要见到了此番情景，一定会引出人心中的寂寞。

寂寞的，又何止是这庭院中的梧桐树呢？这凄惨的秋色，不也被锁在了这深远之中吗？这情景，怎一个愁字了得。

对梧桐树来说，它最好的搭档是细雨，如丝般细雨，最能勾出人内心隐藏的凄凉。

缺月、深院、梧桐、清秋，此等凄凉的意境，在一个苟延残喘的亡国之君眼中，是怎样的一番心境呢？我想，一定是复杂而又不可言说的吧。

剪不断，理还乱的，是如丝般的离愁，用"丝"来比喻离愁可谓新颖。"丝"与思念的"思"谐音，李煜更多的是想抒发他对故国的相思之苦。

李煜经历了普通人无法体会的国破家亡，从一国之君沦为阶下囚，精神上所受的折磨，更甚于身体所承受的痛苦。每日沉浸在愁苦之中无法解脱，而心中的愁苦又难以排解，李煜可谓尝尽了愁滋味，难怪他生出一番慨叹——别是一番滋味在心头。这感觉，早已根植于李煜的内心，日子久了，就连他自己，恐怕也难以说明白。

内心淤积的情绪，总要找个排解的方式。李煜，这个已经失去人身自由的亡国之君，别无他法，只能在夜深人静的时候，无言独上西楼，望着如钩的残月，将满腔的哀愁和悔恨，诉说给深院中同样寂寞的梧桐树。我想，这种无言的悲伤，恐怕要胜过痛哭流涕吧。实在让人心酸。沈际飞在他的《草堂诗余续集》中曾对此评说："七情所至，浅尝者说破，深尝者说不破。破之浅，不破之深。'别是一番滋味在心头'句妙。"

现实中遭受了多少苦难，拥有了多少哀愁之事，才能让满腔哀怨无法言说出来？李煜只能默默地，默默地，对着如钩的残月，在心里诉说那"剪不断，理还乱"的思念与哀愁。

李煜，这个被世人称作南唐后主的人，在亡国前，他安于享乐，亡国后，整日沉浸在悲伤中，无法自拔。简单点儿说，这足可以概括李煜的一生。

千年后的我，为了感受他的内心，也借着旧时的月色，为自己泡上一杯热茶，倚着窗子，慢慢体会千年之前，哀痛欲绝的李煜。

每次品读李煜的词作，都选择在夜晚。始终觉得，白日太喧嚣，而李煜是属于黑夜的，在寂寥的夜空下，他的满腔愁绪可以毫无保留地宣泄出去。而黑夜，同样是属于李煜的。尤其是深院静，小庭空，在寂寞梧桐树的陪伴下，李煜不再像白日里那样隐藏自己的情绪，也不再强颜欢笑。

今晚的夜，凉如水，读着这首《乌夜啼》，感染于李煜的词情，就好像我曾经游走于这隔了千年的往昔。

一直觉得，李煜是"清冷的月光从夜幕中泻下，一个憔悴的身影独自漫步走上西边的小楼。时而举头望着深蓝色的苍穹，时而俯身叹息"的形象。因此，每当月色降临，总会不自觉地拿起书卷，慢慢读出那些句子，仿佛看到落寞一点点滴下。

忽然懂得，有一种痛，是李煜之词。

无奈夜长人不寐

　　夜深人静的时刻，离开久坐的书桌，沏上一杯茶。虽然知道，这茶会让我彻夜难眠，但我觉得，在这夜色的笼罩下，理应沏上一杯茶。今晚的月色清冷，是什么悄然拨动了我的心弦，一阵凉风吹过，身上的薄衫随风飘动，思绪也随着凉风飘向了远方。

　　在中国古代的所有文学形式中，我最为偏爱的要数词。而词中，豪放与婉约相比较，我心之所系的是婉约词。其中，李煜、纳兰性德、李清照、晏几道，还有冯延巳等婉约派的代表人物及其作品，我已经能够如数家珍。

　　而这些婉约派的代表，最让我欣赏的，还要数李煜。

　　小令是李煜最为擅长的，词境的清婉和音韵的和谐，总是那么轻而易举地俘获我的心。每当夜不能寐的晚上，辗转反侧之际，披衣倚于窗前，抬头看着夜空中朦胧的月色，万籁俱寂的时候，很是享受这样的氛围，静悄悄的深院，颇有些月满西楼的意境。这样的景致在这个年代已经十分罕见，经常见到的，反而是人们匆忙的脚步和城市中矗立的高楼。

　　我在思念着一个人，他属于千年前的南唐，人称"后主"的那位才子皇帝。是这寂静的夜晚，清凉的夜风，唤醒了我对他的思念。

　　经过了千年，在月光下沉思的不眠之人，已经变成了我这样的小女子。

可是，这星空，这星空中的繁星，还有那如钩的新月，都似乎没有任何改变。时光荏苒，转眼之间，李煜已经离开上千年了，那个时候，这星空，这凉薄的月色，陪伴着李煜度过了他人生的四十二个年头。如今，它所陪伴的人换成我，在这寂寞的夜晚，月亮把曾经照耀在李煜身上的光辉又一次撒在了我的身上。

那时，李煜对着月色诉说了他的哀怨与忧愁，时而抚琴，时而吟诗。我没有李煜那样的才华，只能对着如钩的月亮遐想，遐想当时是个怎样的境况。

人常道"青鸟不传云外信，丁香空结雨中愁"。千年的时间阻隔着我和李煜，我们素未谋面，他不知道千年后在无数的追随者中有一个小小的我。我也只能在他的词作中想象他的模样，像是一对彼岸花，生世不得相见，想来就是一件令人惆怅的事情。

在别人的眼中，李煜只是一介贪图享乐的亡国之君，懦弱无能的文弱书生形象。可在我的心中，他断然不是这样的。别人给他的称谓，我想都是那些人不懂他的表现。他活在千年前的南唐，更活在千年后我的心上，对我来说，他的一生演绎着"多情自古伤离别"，而他的哀怨与忧愁，更是每一个读他的人心中"无奈夜长人不寐"的青冢。

> 深院静，小庭空，断续寒砧断续风。
> 无奈夜长人不寐，数声和月到帘栊。
> ——《捣练子》

"捣练子"又名"深院月"，在李煜的秋闺词中"断续寒砧断续风"也是一则名句。在寒冷的夜里，为即将远行的人捣衣发出的声音，因为这声音中带有了浓浓的分别之意，因此，引发了李煜心中的那些离怀愁绪。

最初，"深院静，小庭空"，孤寂的夜晚，衬托的是李煜心中那无边的哀愁。

居住的庭院小得可怜，但就是这小庭院，在这样无边的黑夜当中，越发显得冷清与空旷。这冷清，是李煜用他那愁苦的眼睛，充满了寂寞的心才能看到的，这种感触，旁人是无法体会得如此之深切的。

自古以来，古人捣衣实为常事，但当这捣衣的行为和征夫远行扯上了关系，那在这寒夜里仿佛永不停歇的捣衣声，恐怕就带有了浓浓的思念之情。

这词中的"寒砧"也是颇有深意的，不仅是月夜凄冷，更多的是，李煜心中无法排解的寒冷。这是心寒，李煜把自己悲苦的心境和着寒砧声而成的。

从这里，我看出了李煜词中若隐若现的风情，看似写人，实则却是以景寓意，真真符合李煜的风格，如此之含蓄。

现实中处于尴尬的境地，无可奈何之下，只能把一腔愁思寄托于这无边的长夜中，只能任这绵绵的愁绪萦绕心头。

"夜长人不寐"，情思的愁苦，让这长夜显得更加无边。不是远处传来的捣衣声扰得李煜不得安眠，更不是那瑟瑟的秋风，而是这寒砧声着实让人愁断了肠。

寒砧，是这首小令的主要载体。它承载了词人心中无法排解的思念和哀愁。借着风，从远处传来的时断时续的捣衣声，像有了感情似的，不忍离开李煜的那个小庭院。

也许，这声音是想缓解李煜的寂寞，本是好意，可它不知，因为它的不愿离去，勾起了李煜多少的哀愁，真真是在折磨一个本来就不得安眠的可怜人。这冷清的夜晚，不知为何竟也显得如此之漫长。

捣衣声，时断时续，是敲在寒砧上了吗？这只是表象，这简直就是敲在了李煜的心上啊，让本来就已经千疮百孔的心变得更加疼痛。

孤寂而又寒冷的夜晚，让李煜遍体通寒、瑟瑟发抖，这感觉，实在是折磨人。身体上的寒冷，克服起来比较容易，多加些衣服便是了，可心里那彻骨的寒冷，又有哪一个能温暖得了呢？

或许，李煜最想说的是，自己的心已经不可能再感到温暖。只因为时时刻刻、分分秒秒的寂寞、凄楚和怨恨，早已在他的身上、心头蔓延开来，无边无际，无法断绝。

仅仅二十七个字的小令，算得上是寥寥数语，但在李煜的笔下，包含了多少内容。这首小令，没有写一个愁字，但是，每每我读它的时候，总是感觉遍体的哀愁，因此，从这个意义上说，这写的又是满篇的愁。

这就是人们常说的"言有尽而意无穷"吧。

为谁和泪倚阑干

> 云鬓乱，晚妆残，带恨眉儿远岫攒。
> 斜托香腮春笋嫩，为谁和泪倚阑干？
> ——《捣练子》

如云的鬓发有些凌乱，晚妆也不再精致，她没有心情去打理，整个人懒洋洋的，曾经舒展的眉头，也像远处的峰峦那样攒聚着。

她倚着栏杆，眼里含着泪水，这一切都是为了谁呢？

曾经，她也是一位美丽动人的女子，每天化着精致的妆容，连笑容都散发着一股娴静。

可是，现在她无精打采，懒得梳妆，思念的人儿不在身边，即使装扮了又有谁能欣赏呢？

这仍然是李煜的一首小令，简简单单的几十个字，却为我们描绘出了一幅闺怨相思图。

是啊，在此之前，我也一直在强调，只有有着相同经历的人，才能够体会出李煜词作中的哀怨与愁恨。

用简单的话语，就能勾勒出一幅清新的闺怨图，没有用任何相思的词语来形容，但是其中的相思之情却都要溢出来了。其中的淡雅可见一斑。

　　李煜就是这样，任何简单的文字，在他的笔下都会极富生命力，这才是我欣赏的李煜。在这首小令中，一个女子在春闺中思念爱人的形象被李煜生动而传神地表现了出来，这女子，不正像现实生活中的李煜吗？

　　女子在春闺，而李煜在深庭，女子思念爱人，心中充满了怨恨，而李煜不也是这样吗？归降后，他没有一天不是在怨恨中度过的。

　　李煜，这个温文尔雅的人，和其他的词人不同，他爱诗词，爱美酒，爱佳人。时常在情色中放纵，作为一个充满了才气的词人，他的做法无可厚非，尽显了一代词人的风流与倜傥，我想，这是许多文人雅士所共有的一种特质。

　　但是，李煜错就错在徜徉在这纵情的欢乐中无法自拔，忘记了自己还有另外一个身份——南唐的国君。

　　他的才气纵横，他的文学天赋惊人，终究抵抗不过命运。在很多个无眠的夜里，李煜就像这首小令中的女子一样，追忆过去。

　　曾经，故国门扉的那一抹朱红，是李煜无法忘记的，这个时候的李煜，心情是何等畅快，尽情享受着人生的小登科。

　　曾经，有一个花明暗笼轻雾的夜晚，心爱的人儿提着鞋，偷偷地与他约会，极尽缠绵之事，这种经历是何等刺激。

　　曾经，他沉醉于周围的美景中，在奢靡的宴席中，醉倒在美人的怀中，醉意朦胧。即使现在想起来，还好像有一丝醉意在心头，真希望就此沉醉下去，不再醒来。

　　曾经，丝竹的喧嚣还没有沉寂下来，李煜仍旧沉浸在歌舞升平的欢乐中，久久不能平静。现在想来，当初那个沉迷于歌舞升平带来的欢乐的他，怎么会知道，日后会一朝沦为阶下囚？而当时的欢乐，日后只能存在于记忆里，时不时地拿出来回忆，只是一想到这里，只会更让他心碎。

　　在这一生中，他犯了一个致命的错误——把词人的浪漫融入了政治中。要知道，政治是何等残酷的事，怎么容得下那些风花雪月、纸醉金迷？

李煜曾经天真地认为，真的可以将天地间的苍生以及南唐这个摇摇欲坠的王朝理想化，用极其完美的视角去俯视。真的，想到这里，只能感叹，在这充满才气的诗人外表下，为何还有着像这般不切实际的天真与浪漫呢？这是他失国的原因吗？

也许，他只是想给自己构建一个完美的世外桃源，命运对于李煜是何等残酷！根本容不下他奇特的幻想，只是把他无情地遗弃在深深的、黑暗的亭台楼阁中。

深深的庭院，寂寞的生活，世事的无常。本来李煜对赵光义还有一丝幻想，没有想到，日后的岁月中，自己还是那么孤苦无依。

在斑驳的世事中凄苦飘摇，只是偶尔想起，自己还曾是南唐的国主。如今，那些似曾相识的纸窗，成为了囚禁身心的庭院，那些临窗而筑的楼阁成为了下半生的牢笼。

周围新贵们欢乐的乐曲，如今听来竟是那般讽刺，李煜觉得这不是丝竹的欢乐之音，而是悲凉的悼曲！

后悔，是他唯一的感觉，深深的悔恨都追不回前半生所犯下的错误。想到这里，想问问李煜，还在对错生于帝王家而感到悔恨吗？从那时开始，南唐没有了未来，南唐的历史终结在了"垂泪对宫娥"的那一天。

最初刚对李煜有些兴趣的时候，也曾在心底埋怨过他的贪图享乐。但后来，我想，很多时候，李煜也许只是想凝视一个女子。或者，他只是想在深院中默默地吟诵古今的篇章，如此而已。作为一个文人气派的降王，李煜没有更高的要求。

渐渐地，李煜接受了自己的新身份。不言说、不争辩，仿佛就是这样随遇而安。但我想，真相不是这样的。当李煜任由珠帘闲而不卷，时常倚着栏杆，举目远眺的时候，他只是把往日的悲痛融入到了词句中。当真一个"生亦何欢，死亦何苦"，李煜在用他的后半生忏悔，忏悔他所犯下的一切错误，带着无辜的南唐走向了没落。

"无限江山，别时容易见时难。"当李煜这般感叹的时候，他的灵魂也许早已回到了日日思念的江南了吧。

"不是威武帝王相，一生多情叹诗才。"这是李煜诸多评价中的一个。每当我读到此类文字的时候，总会感叹，当尘埃已尽，战争的硝烟飘散无影的时候，李煜留给我们的始终是一个背影，衣袂飘飘，但满是彷徨落寞。

总觉得，李煜的一生，可以这样评价——一场痴梦留千年。梦，是李煜无法割舍的寄托，梦中的景象，也是千年后作为李煜追随者的我经常想象的。

在无数个梦境中，我仿佛跨过了千年的时间障碍，和李煜面对面。看着他清秀的眉眼，我能想象到秦淮河岸边那翻飞的柳叶。看着李煜身着华服锦衣，我可以想象，在江南，他所到之处是怎样的一种旖旎。

有时想得入了神，甚至有种奢望，希望能够在李煜的肩头倚着，哪怕片刻也好，嗅着他身上散发出来的隐隐的墨香。好像只要这样做，就能看到李煜习惯性地铺开纸，俯身的动作仍带着优雅的意味，面色祥和写下了篇篇含情至深的文字。

梦中，我看到他微醉的容颜，耳边仿佛响起了《霓裳羽衣曲》，甚至有种想法，就这样在梦境中徜徉吧，这是我心甘情愿的事情。在江南的细软温柔中醉倒，是多么美妙的事情啊，只要这江南成为了一方世外桃源，成就千年不变的梦，这样该有多好。

随着金陵的失守，李煜的梦醒了，而我的美梦也戛然而止，眼中的泪落在地，摔得支离破碎。梦中的江南消失了，它的繁华也因为金戈铁马的践踏而碎得一片一片。刀光剑影下，南唐宫殿中一片哀鸣，南唐的劫难开始了。

结局并不美好，梦也总是要醒的，每每回想起来，总是能感觉到，梦中有千年前的袅袅的兽香。

梦醒了，但不代表已经忘记了梦中的江南是怎样的一种销魂。身处于北方，只是经过了一场梦，曾经熟悉了很多年的北方的风，吹在脸颊上是生生的疼，吹在身上，是如何的刺骨。

如果这个世界上真的有来世，李煜，这个身死于异乡的人，是不是魂魄也会不由自主地回到那温暖如春的江南？与那些满腹才气的词人们吟诗作对，不醉不归？

命运，对世间的每一个人来说，都是一只可以翻云覆雨的手。所有人都逃不过宿命的安排，虽然无力挣扎，但是，我还是听到了，你从千年前传来的一声无奈的叹息，这叹息，是我穿越了千年的思念。愿你在词作的怀抱中，长醉不醒。

闲梦远,南国正芳春

> 闲梦远,南国正芳春。船上管弦江面渌,满城飞絮辊轻尘。忙杀看花人!
>
> ——《望江南》

这首《望江南》有上下两阕,此为上阕。只不过,再仔细琢磨后,我更愿意把它们分开来叙说。也许是因为江南对于李煜的上半生来说,是一个享乐的胜地,而"江南"对于李煜的下半生来说,则是一个遥不可及的梦,梦中的江南充满了幸福与欢乐,而一旦醒来,则是无比残酷的。

"梦"是让李煜无法割舍的东西,没有它,李煜无法度过被俘后的每一个夜晚。在这首词中,李煜无时无刻不思念江南,仅用了一个"闲"字,就充分地表现出来了。他真是那么"闲"吗?显然不是,只不过思念太过于浓郁,让人无法招架,只能随着心思,日夜思念起遥远的江南来。

江南对于李煜,既远又近,远是空间的距离,而近,则是因为夜夜都会与之相会。虽然已然与江南分别,但江南的一草一木,李煜仍旧记忆十分清楚。

近郊的烟草低迷,在李煜的眼中,是故都难忘的缩影,也是支撑他活着的唯一心理安慰,我想,更是他生命中唯一有着温度的回忆。时间,渐渐地把一切都变得无法挽回,更无法触摸,李煜,只能在梦中,重温离开时金陵的花落花开。是啊，和江南有关的所有都只能一遍一遍地重温于梦中。

他最常做的一件事，就是在小楼的西侧向遥远的江南眺望，他想透过道道高墙和层层的雾霭去寻找江南的一草一木。可是，让他失望的是，无论站得多高，这高墙与雾霭，竟也看不到尽头。

庭院中的梧桐树谢了几度，屋内桌上的宣纸也更换了无数次，可江南，依旧还是一个梦。

这个时候，江南一定是春景盎然、芳草碧连天，溪水涓涓而流，调皮的风儿，把杨絮吹得满天都是。江面，一定还像以前那样平静，只不过到了春天的缘故，隐约有种这个季节特有的绿色，雕着各种图案的游船在水面上缓缓前进，激起阵阵涟漪。

虽然不是一位合格的国主，但自始至终，李煜都热爱城中的百姓。因此，虽然已经身陷囹圄，但他从没有忘记过江南。

每当想起江南的种种，李煜脸上便会出现久违了的微笑，虽然这微笑淡淡的，却也弥足珍贵。自从国破家亡，他一直把这微笑收起，留给了永别的江南。当想到此时的江南，定会是烟雨中碧草连天的景致，李煜笑了。

世人每当提起李煜，都认为，这帝王的工作做得太失败，狭窄山河，即使只有三千里地，最后也没有保住。

从登基开始，李煜就与屈辱相伴，只是因为步步紧逼的北宋军队。对于历史，李煜从来不是主角，虽然他也曾负隅抵抗，但还是抵挡不了时代的大潮流。但是，就是这样一位历史的配角，却拥有了很多人的赞美、敬仰、怀念与惋惜。

如果那个年代有公认的词作排行榜的话，李煜的每一首词作一定都名列前茅。虽然这些词作和我们有着千年的距离，但是，时间并不能阻隔人们欣赏发自一个敏感而多情的人心底而吟唱的诗篇。

和着血泪，李煜边吟边唱，唱悲了春花，吟泣了秋月，一江春水，更是在他的吟唱下永不停止地向东流去。

"对酒当歌,人生几何",李煜杯中的酒,并没有消去他满腔的愁绪,而是让这愁绪更加浓郁。每当醉酒时分,清酒和着眼泪,一同被他吞进了肚子。太多的悲苦与凄凉,时时敲打着李煜本已伤痕累累的心。

在王国维的眼中,诗人分为两种,一种为主观诗人,另一种则为客观诗人。"客观之诗人,不可不多阅世。阅世愈深,则材料愈丰富,愈变化,《水浒传》《红楼梦》之作者是也。主观之诗人,不必多阅世。阅世愈浅,性情愈真,李后主是也。"

的确,在那个人心都是乱世的时代,堂堂一位南唐国主,用他的经历,掺杂着时代的特点,造就了一个时代永恒的魅力。这确实是旁人无法超越的,但我始终觉得,旁观者是不会掺杂着私人的感情来看待李煜的遭遇的。

王国维大师的这番话虽然精确,但在我看来,有些冷漠无情。如若是我,我宁可不要欣赏这哀怨的词作,而是希望李煜能够出生在普通的人家,过着平淡的生活,直至终老。我想,这也算是一种幸福吧。

每当读到这首《望江梅》的时候,总感觉坐上了时光机器,转眼之间,就来到了南唐。江南的春天,真的像李煜词中所描述的那样美丽,真真如一幅画一样,令人陶醉。

李煜的词作适合独处的时候阅读,它可以让现代人本来浮躁的内心平静,然后用心地去想一些事情。

历史喜欢在不经意间捉弄人,在所有史书中,都不乏这样的记载。无论是唐玄宗,还是宋徽宗,抑或是李煜,都是最好的证明。

这三位都身居帝位,在文学、艺术方面的造诣都非同一般,但在治国上,却是极不适合的,常被世人所耻笑。这样的情况,实在是令人叹息,不过还好,世间没有完美的事情。

也许,世间真的没有完美的事情,也不是总能遂了自己的心愿。若李煜的经历少了很多波折,也许我们就不会看到这样优美的诗篇,自然,现在就不会有这么多人喜欢读李煜的词作。而少了很多历史的波折，那么文学史，自然就会暗淡许多。

国破家亡，落花已尽，逝水东流，美梦易逝。任是谁，都不可能做到淡然处之，一定都像李煜那样，为了梦中的天堂，昼思夜想，难以释怀，也会在无边的痛苦中哀怨、沉沦。很多人问我，一个亡国之君的哀伤之作，能教给你多少积极向上的内容？诚然，每每读了李煜的词作，总会随着他的痛苦而痛苦，随着他短暂的快乐而快乐，但我觉得，李煜的词作，虽然哀伤占了绝大多数，但更多的，则是教给我如何珍惜现在所拥有的。其中隐隐欲现的怜惜与同情，充满了浓郁的人文关怀，这是一种多么庄严肃穆的感情啊，真真叩响了我的心门。

李煜一路走来，可谓充满了艰辛，也许，命中注定，要他从人生的巅峰瞬间落入谷底。李煜的心，承载了太多的哀愁，注定要被千万次的锤炼击打得千疮百孔。每每神游故国，那里的亭台楼阁、春花秋月都引起了他无尽的悔恨与愁思。每每回首往事，皆会感叹，南唐几代繁华化为了泡影，李煜仿佛站在了南唐的一片废墟上，躲闪不及，也不能躲闪，这算得上世间最深的悲哀。

短短四十二年的时间，他经历了江南的风花雪月，也有了成为阶下囚的遭遇。无论天上，无论人间，所有都会被时间冲刷为微尘，随着一江春水东流而去。

他喜欢在寂静的夜里仰望天空，闪烁的星辰，在残月的映照下，发出迷离的光辉，后来，这样的事情更成为了一种习惯。他喜欢在静夜中沉思，特别是在有东风的夜里，也许，这是宣泄情绪的一种方式。可很多时候，李煜总是静静地，在那里冥想，不是宣泄，而是发出浓浓的感叹，落花流水春归去，天上人间。

李煜，算得上是一位才华横溢的文人，可终其一生，都陷在别人的掌控中。真正属于他自己的，只是那寂寞的梧桐和一江春水也带不走的愁绪，这是属于他自己的一生的荒凉。

不了解李煜的人，总会对其不屑，只因他是一位亡国之君。但我在这里要说的是，李煜并非是商、纣等暴君之流，更不是周幽王、刘禅那样的昏君。否则，在他身死后，消息传到江南，那里的百姓为何会伤心不已？

最初，因词而爱李煜，直到后来，才真正了解，是因为爱他才爱上了那平平仄仄、长短不一的句子。

命运不仅吝于眷顾李煜，就连南唐也是如此，南唐错过了一个又一个反败为胜的机会。李煜害怕失败，所有胆魄、气概都一一离他远去。也许，就是这个原因，胜利女神一直不肯眷顾他以及南唐的百姓，留给他们的，永远只是一个充满了嘲笑的背影。而那迷人的微笑，却不遂人意地一直照耀着宋太祖以及北宋的百姓。

当北宋军队欲渡秦淮河之时，适时地刮起了大风，金陵被困；而当朱令赟的"火油机"顺风顺水地直扑宋军战舰的时候，风向却突然改变，南唐船队被焚毁。胜利女神消灭了李煜以及南唐人民的最后一丝希望，一切也随之断绝。

如若当初李煜采纳林仁肇之计，结果会当如何？如若他听从卢绛的建议，出兵灭吴越，结果又当如何？如若李煜依照商人之意，趁夜火焚北宋军舰呢？南唐错过了一次次的机会。命运，以及人生，不存在如果。

聪明如李煜，又岂会不知其中奥秘？或许，他的逃避、妥协，也正是因为他太清楚南唐将来的命运——终有一天，会和江南各国一样，为北宋所吞并。那么既然结局已定，就能拖一日是一日吧，能得片刻苟且偷安，所做的一切他都不介意。

闲梦远，南国正清秋

词，这个中国古代文学表达方式之一，是我最喜欢的，而李煜，也是我大爱的词人。在他的词中，充满了南国的烟雨和水汽，也有着品不完的优美哀伤的文字，我想，李煜不是属于某个人的，而是属于整个历史的，是历代文学宝库中堪称经典的人物。

儿时，只是跟着父亲摇头晃脑地背诵着宋词，不知道其中的意思，自然也体会不到词的韵味，只是单纯地背诵。起初，心里对背诵还有一些抵触，渐渐地，虽然少年不知愁滋味，但时间长了渐渐看懂了词人或悲伤或澎湃或含蓄的意境。

李煜的词作打动我的，不是他身为亡国之君的凄凉心境，而是那字字珠玑、婉转哀伤的词句。

不得不承认，李煜是一个柔弱的男子。把"柔弱"这个词语安在他的身上，倒不是对李煜其人有丝毫的轻蔑，而是我已经找遍了心中所有词语，除了这个词语，实在难以用别的词语来形容他。

一朝国破，李煜的思绪仍旧在"樱桃落尽春归去"的缠绵情景中，多少让人有些怒其不争。不过，对李煜这样的男子，人们其实无法真的对他恨和怨。

江南水乡，让才华横溢、风度翩翩的李煜，有着朝歌夜舞的锦衣玉食。而江南水乡，也造就了李煜如水般的柔情，让他在词的世界里独领风骚。

曾经以为，一切就这样保持下去，那该有多美好。这似乎就是人们所说的完美，但这无疑是种奢望。

金戈铁马的践踏下，一腔才华，杯中酒，美人醉，完全抵御不住外敌，而那些曾经的风花雪月，也因此成为泡影。从此以后，寂寞的梧桐，清冷的秋月，和那剪不断的离愁，就成为他慨叹"故国不堪回首"的原因。

如今，所有繁华都已经被时间洗去，身体也已经陷入了牢笼。身披月牙白的长衫，每当清凉的秋风吹过，李煜岿然不动，只是默默地，站在小楼上，任由青丝飞扬，看向南国的方向。

南国对于李煜，是那样的遥远，眼前的景象如梦境般朦胧，让李煜觉得，仿佛窥见了南国的秦淮河，和当年一样，秦淮河在灯影桨声中向人们诉说它的繁华。

闲梦远，南国正清秋。千里江山寒色远，芦花深处泊孤舟，笛在月明楼。

——《望江南》

恍惚之间，李煜眼中所见的南国，瞬间又变为了秋季的南国。隐约记得，很多年前，也是一个清秋，临江远眺，放眼望去，所到之处，这南国的江山仿佛尽收眼底。

如今，与南国分别已然不知道多少个日子，当日所见仍然在脑海中浮现。

芦花，是江南特有的景物，每每想到这里，李煜心中总是一片怅惘之情。像这样的夜晚，夜深人静之际，南国的芦花，是不是还是那般茂盛呢？李煜觉得，自己仿佛正独自泛舟在南国的江面上，这是多么令他向往的事情啊，真的想把这变成现实。可是，李煜深知，这也只能存在于想象当中。此时，不知是谁，偏偏吹起了笛子，笛声，让这思念故乡的哀愁变得更甚。李白曾在诗中写："此夜曲中闻折柳，何人不起故园情。"是啊，此情，此景，作为南唐的旧主，在萧瑟的江边，听闻哀怨的提升，怎么会不增加个人身世的失落感？而国破家亡的痛苦和屈辱也更加让人心酸。

真真让人想问，在这清风弄月的时刻，是谁在吹那柳笛？江边惆怅的容颜，又是经历了怎样的哀愁才能变得如此淡漠？

南国的水榭歌台，是否还是那般潋滟？而李煜的思国愁绪，是否会让这种景致，也沾染上他的一丝哀愁？

李煜是在怀念吗？怀念南国的草长莺飞？还是怀念那段与世无争的欢愉？

每当心中对李煜做出无限畅想的时候，总会觉得，城市的喧嚣已经离我远去。当我想伸手触摸他的气息时，无奈地发现，千年的时光已经让这段尘封的历史成了回音。

每个人都在人生中苦苦挣扎，如今的社会，物欲横流，香车宝马，火树银花，人们总会在各种各样的欲望下迷失自己。有时，也会因为这个世界太过于庞大，自己甚至不能察觉到存在的意义，于是终日惶惶。

千年前的李煜，是一个寂寞的孩子，就像当今社会中的每一个人。如果，我们学会与人分享自己的爱与哀愁，学会在手挽手的日子里惺惺相惜，彼此依靠，那么，我想，总会有一些不经意的温暖让我们感动。

对于李煜，我所寄予的感情，既是怜惜又是喜爱，太多的感情，已无法在此言说出来，只怕旁人认为我是一位唠叨没完的老妪，想着李煜一生坎坷的经历，我总会心痛得无以复加。虽然有些不太情愿，但我还要承认，如若没有李煜人生所经历的种种波折，那么，在五代十国，甚至两宋时期，文坛定会是一片荒凉。

在此之前，我曾经不止一次地尝试过，按照李煜的词作，自己也试着填上几首，诚然，也有几首完成的作品，但总是羞于拿出来见人，生怕自己的拙作，辱没了李煜在词坛上的威名。不知在何时，我已经把自己归为李煜最铁杆的粉丝，哪怕是旁人说他一点儿不好，我也是十分不愿意的。

每到七夕的夜晚，旁人的邀约我总是拒绝。不为别的，只是觉得，虽然相隔了千年的时光，但在冥冥之中，自己已经和李煜约好，每到七夕的夜晚，世界里，只留下我与他，隔着千年，彼此瞭望。

在这个特殊的日子里，请允许我第一次叫他的名字，从嘉。此时，在我眼中的他，不是曾经高高在上的南唐国主，也不是千百年来别人称颂的"词中之帝"。只是因为，世间的功名利禄，在他的眼中都是浮云。

因此，我也不再去执着于他的过往，而是把他当作在南国这片乐土上悠哉生活的人。"一壶酒，一竿身，快活如侬有几人。"南国的山暖水软，草长莺飞，似乎，那里的一草一木，向世人诉说的都是它的惬意与缠绵。

一直以来，每当想起他的时候，总是希望能够在梦中与之相见。但矛盾的是，我又十分害怕，如果我的愿望真的实现了怎么办？我害怕，在梦中，看到的是神采不再、异常憔悴的他。

很久之前，听过一个民间的传说——在七夕这天出生的孩子，注定一生多灾多难。李煜不但生在七夕，更生在乱世，真让人心疼。每当闭上双眼，脑海中总会浮现出李煜的样子，这自然是出自我的想象——略有弧度但仍显柔和的侧脸，明亮的双眸，重瞳，一直在闪闪发光，我知道，那是智慧的光芒，让人惊艳的微笑，荡漾在微微上扬的嘴角上，让人看了，也会不自觉地微笑。

因为李煜，我也经常会向南国的方向眺望，希望能在这远眺中寻找到南国的一丝丝痕迹。可是，往事已经被历史冲刷得一干二净，到如今，也只空留李煜的一声哀叹。

从嘉，从嘉，从嘉，请允许我多叫你几遍。历史已经把我们阻隔得太远太远，只有不断地叫着"从嘉"这个备感亲切的名字，才能让我的心稍感安慰。"君生我未生，我生君已老"，这是我的悲哀。

七夕，本是浪漫的，在李煜的身上却演绎出了如一江春水般的愁绪。独上西楼,凭栏远眺,是李煜最常做的事情,只能任那清冷的月色,照着孤独的身影。

对李煜来说,太多的美好回忆,太多的对南国的遐想,生生地引出了一腔"剪不断,理还乱"的离愁别绪,真真是别有一番滋味在心头。

当年的车如流水马如龙的繁华景象,已然离得太远,只能在脑海中想象。而如今,南国也到了清秋的季节,也许因为是故国,即使是清秋,心中也会顿觉温暖。南国的一草一木,都充满了珍贵的回忆,哪怕是清秋,甚至是寒冬,也好过这北方的凄凉与无助。

如今,南国的清秋,只能存在于梦中,一觉醒来,又不得不面对残酷的现实,当真让人无奈。而无限江山,"别时容易见时难",一朝分别,竟成了永别。只能任由自己的人生,像东水长流般,无时无刻不被心中的恨所折磨。李煜的人生,叫人感叹,太过于匆匆,他被这满腔的痛苦塞得满满的,便做了个人生的速记员,他的毛笔蘸的是墨水,而流出的则是生命的哲学。

南唐的清秋,代表着李煜的所有愁情,还有他的心结,以及对故国的眷恋。这复杂的情绪,抹不掉,解不开,伴随着李煜的下半生,直至他42岁的那一年七夕。

多少恨，昨夜梦魂中

历史上，曾经有位风流倜傥、才华出众的词人皇帝，他的一生，带给后人的，是无法言说的沉思、遗憾、无奈、彷徨以及愁绪。只要一提起他，人们都会纷纷叹息，这是一个被上天戏弄的稚子：并不应该生在帝王之家，却成为了南唐一代帝王，本应该顺理成章地成为词人学者，却成了天子。

也许是命运喜欢捉弄人的缘故吧，作为帝王，需要的是冷静，而他却风流倜傥，愁绪满怀，时常在月色下悲叹人生。

欣赏李煜，不仅是因为他的才气，更是因为他的词作中带着皇帝悲天悯人的情怀，对红尘的眷恋，对春秋的眷恋，以及对人生起起伏伏的感悟。

李煜，因为他特殊的身份，加上其足以倾倒天下的才气，如果想要用简短的几句话来概括他的一生，未免有些困难。也只有步入那段历史，在历史的书卷中认真品读揣测，才能对其悲剧的一生有所了解。也能对其内心的绝望、悲伤、寂寞、哀愁感知一二。

一直以来，对李煜的称呼，都是称其"李煜"，其实，在我的心里，更愿意叫他一声"重光"，可是，对于这样的称呼我的心里还是有些胆怯。无论如何，李煜对于后世人，都是心中一道难以跨越的坎。总认为，用这种带有一些距离的称呼，会让我好受些，否则，我的心，定会随着他所经历的坎坷，痛得无以复加。

李煜，本无意于皇位，心中最想做的，恐怕是在"万顷波中得自由"的那尾自在的鱼儿。但在命运的捉弄下，"一壶酒，一竿身"的简单生活因叔父、兄长的身亡化成了泡影。命运将无奈的他推向了帝王之位。

每当想起他的这番遭遇，心中总会泛起一阵阵的疼。

还是罢了！历史已经随着时间的流逝成为遥远的过去，作为后来人的我，也不要对此再做评说，罢罢罢！

"从嘉"是李煜最初的名字，登基之初，他给自己起了一个新名字——李煜，希望自己能够像烛火那样照亮南唐的半壁江山。

李煜的希望是好的，在登基之初，他也确实想在皇帝的宝座上有一番作为。但是，五代十国这个混乱的年代，要想保住南唐这个江南小国可不是一件容易的事情。更何况，李煜"生在深宫之中，长于妇人之手"，政治上的不成熟，再加上外患——赵匡胤这个有着统一野心的人，单单这一位，就不是李煜能够招架得了的。更不用说还有强大的辽国和金国同样在对江南这片富庶之地虎视眈眈。这一切，怎是李煜这样一个书生皇帝承载得了的？

失败，已经成了必然，成为俘虏，对李煜来说，是一件无可奈何却也不能改变的事，但这一刻到来之际，李煜除了悔恨，除了哭泣，还能做什么呢？江山易主，李煜，已经不再是那个万人之上的国主，而是阶下囚，但改变的仅此而已。虽然李氏的江山不再，但江南，还是那个车如流水马如龙的江南，李煜啊，快快擦去颊边留下的泪水吧，要知道，这是一件多么讽刺的事情啊。

我想，在那个时刻，他已经心如死灰。悲伤逆流成河，能做的，只是屡次拒绝赵匡胤的召见。因此，便得了个"违命侯"的封号，这是多么讽刺的事情，就好像在本来满是疮痍的心上又残忍地划上了一刀，鲜血直流，疼痛难忍。

也许，这是李煜作为一个词人皇帝唯一能自主决定的一件事。他只是想要维护自己仅有的自尊而已，也仅此而已。

"肉袒出降"是无奈的选择，为了城中百姓。当投降的那一日，他心中忘不了的凄凉，一定是那"教坊独奏别离歌"吧。伤感，悔恨，各种复杂的感情都向他袭来，那时，只能"垂泪对宫娥"。江南是如此美好，身居帝位的时候他就知道，江南富庶，灯红酒绿，是自古以来兵家的必争之地。

江南，对他来说，代表的是往昔的美好，因而江南永远是他心中的痛。只能每日游走于痛苦的边缘，在自身多舛的命运中体会上天赐予他的悲痛，任是谁都会无法自拔。

《望江南》这个词牌十分适合李煜。《望江南》又名《谢秋娘》，因为白居易的名句"能不忆江南"改名为"忆江南"。

它不同于《采桑子》，《采桑子》让人能够想起江南水乡所特有的烟雨色，其中，蕴含了无尽的清雅淡丽。而《望江南》则与之不同，一个"望"字，就能够知道，这首词创作的时间。只有离开了美好的江南，才能够在遥远的他乡追忆起江南的种种，水乡氤氲，无论是哪一个地方都没有它的韵味。虽然美好，在李煜成为了阶下囚后，这水乡，却也充满了生离死别的无可奈何。我想，这样的体会，世上没有哪一个人比李煜更懂了。也许是这个原因，在被囚于违命侯府后，夜夜寻梦，希望能够在梦境中重回江南这片故土的时候，才会心生恨意吧。

> 多少恨，昨夜梦魂中。还似旧时游上苑，车如流水马如龙。花月正春风。
>
> ——《忆江南》

投降之后的每一天，李煜都在回忆中度过，他不能忘记，金陵街头的繁花似锦，游人如织，点亮的每一盏花灯，都是李煜心中的那一片温柔。不能忘记的，还有那富丽堂皇的皇家园林，自然，在那里面度过的每一天，都是无法忘记的。"车如流水马如龙"，即使是那车轱辘发出的声音，现在想来也是令人心醉的。

往日一切的美好，到如今都只是镜花水月，虽让人欲罢不能，但也只是存在于想象的空间里。的确，旧事最让人销魂，虽难忘，但人们都知道，这旧事，每每想到，只是在提醒着人们，现实的残酷。

现实对于李煜来说，难以面对，他只能在文学这片广阔的天地中为自己虚构一个看似美好的世界。虽然他心里十分清楚，这虚无的世界，只能让他从云端跌落，落得个粉身碎骨的下场。

此时，如春花秋月般美好的回忆，他不能吟唱出"何时了"，也许正在贪恋这短暂的温柔。也许，有人会认为李煜是一个活在回忆中的人，无法自拔，也不愿自拔。

这样的人有许多，晏几道是，但李煜，我想，却不是这样的。在我的心中，一直以来，李煜是异常清醒的，虽然可能在夜深人静的时候，他会任由自己沉浸在梦境中。可是，美好的事物，抑或是回忆，哪一个人能有这超常的抵抗力呢？我想，也许只有神仙才能做出如此洒脱的事情来吧。

更重要的是，这美好，并不是虚构出来，聊以自慰的，而是真实存在的。虽然它已经成为了过去。我想，无论是谁，都不可能把这美好的回忆统统丢到记忆的垃圾桶内。对于有着坎坷经历的人来说，放下，并不是说说那样简单的。

经历过于坎坷，每当读起李煜的作品时，都会被他的忧伤所折服。曾经听过旁人评说李煜，认为他软弱，他无能，当我听到这些话的时候，并不觉愤怒，这样说，倒不是我赞同他们的观点，只是这世上的一切事物，旁观者是没有资格去评说的。

说来，李煜也是一个普通人，当然也会有着普通人应该有的各种感觉。如果李煜的遭遇，换作是另外一个人的话，也会有更多的怅然若失，说不定也会在梦境中寻求解脱。梦醒时分，再也睡不着，只能在昏黄的灯光下，独坐到天明。

说起怅惘，自然，李煜也有同样的感受，往日的人声鼎沸，热闹喧嚣，荣华富贵，转眼之间，成为了过眼烟云。当人生只剩下回忆与悔恨，沧海桑田下，能做到淡然处之的，就像我先前所说的那样，只能是神，而不是人。

孤冷清寂，是他的命。缅怀，是李煜每天要做的功课，他缅怀的东西很多，不仅有过去富裕的生活，还有他的爱人。因为此刻已经一无所有，他也只能靠着回忆过活。

在李煜的一生中，他最爱的人有两个，大周后与小周后。

大周后，这个如天仙般的人儿，早已驾鹤西去，重归天庭。最初，大周后的离世给了李煜不小的打击，"鳏夫煜"是他在那个时候的自称。这个称呼，就像寻常夫妻那样，你属于我，我属于你，作为一代帝王，这算是难得的了。

大周后陪伴李煜度过了十年的幸福时光，这份深厚的感情，注定是后来人无法超越的。大周后离世，李煜和小周后二人自然而然地走到了一起，诚然，他们二人也是相爱的。可是，我相信，也许在夜深人静的时候，李煜仍会深切地思念大周后，忽然想起王菲的一首歌曲，很符合李煜与大周后。

"给你一张过去的CD，听听那时我们的爱情，有时会突然忘了，我还在爱着你。再唱不出这样的歌曲，听到都会红着脸躲避，虽然会经常忘了，我依然爱着你。"

歌词读起来有种宿命的感觉，虽然一直牵手向前，也许，正如歌中所说，走着走着，路边的景色太美好，竟然忘记了自己依然爱着对方。

在李煜的记忆中，大周后一直是最初成亲时的模样，娇羞、美丽，让李煜情不自禁。唐玄宗和杨玉环爱情见证的《霓裳羽衣曲》，已成为了二人最美好的回忆，这首曲子只属于他们二人。

无奈，也许真应了"红颜薄命"这句话，大周后的生命终结在了二十九岁。李煜痛哭失声，也许，在那一刻，他真的知道自己错了，希望能够得到大周后的谅解，就这样吧，让泪化作相思雨。

大周后已去，接替她的，是妹妹小周后，这是个性格爽朗又不失江南女儿多情特性的女子。她，亦陪伴了李煜十四年。

初次见面，柔柔地叫了一声"姐夫"，朱唇初起，李煜多情的心就活了起来。这让我想起徐志摩的一句诗："最是那一低头的温柔，恰似水莲花不胜凉风般娇羞。"

李煜深知，经历了大周后的离世，他应该，也一定要与这个女子成就一生的缠绵，只因那次初见，对视而后，便"相看无限情"。

被俘后，小周后受尽了赵光义的凌辱，本是对李煜有着太多的怨恨，但当李煜中毒身亡，小周后也随之殉情。因为，她知道，李煜这一生坎坷，活着的时候忍受了太多的孤独寂寞，她不想让死后的李煜也同样寂寞。骨子里，她还深爱着他。

最初，李煜写给小周后的词，都可以称之为情书，充满了风花雪月。被俘后，再也没有提起笔抒写他的爱怜和愧疚。但这不是人们猜测的那样情已变，而是爱得更深了。

李煜生命中的女子，除了周氏姐妹，还有一个颇为特立独行的女子，她叫作窅娘，这个女子，颇有些当代女子为了爱人不顾一切的那股劲头——为了李煜成为了拥有"三寸金莲"的第一人。这样做，仅仅是想为李煜跳舞，步步生莲，有些常识的人都知道，虽然看起来有种精致的美，肉体的疼痛可不是一般人能够承受得了的。

李煜曾经抚着她的双脚默默流泪，而窅娘也只是淡然地笑了笑。为了心中的爱人，她无悔，为这如玉般的男子舞蹈，是她一生的梦想。

虽然命运坎坷，但有时候觉得，李煜也算是幸运的，满腔的才气，让他得到了多位女子真挚的感情。他是一个真性情的人，自然知道感情对于一个人来说是多么宝贵，一旦付出，就像泼出去的水一样，无法收回。因此，在感情上，我觉得李煜倒是一个赢家，用他的真情，赢得了几位女子的倾慕，世间的男子都会向他投去羡慕的目光。

心事莫将和泪滴

很多时候，心中会为李煜慨叹，失去了三千里山河，一朝沦为阶下囚，心中对江南存在着数也数不尽的怅惘，虽然回忆的过程充满了伤痛，总的来说还是温暖的。本以为应该作为囚徒，伴随着一腔愁思直到终老，赵光义无意当中做了一回慈悲之人，用一杯毒酒了结了李煜的生命。

李煜，你是寂寞的，虽然有人说"细雨闲话皆寂寞，文人英雄应如是"，我也知道，你的一生，走得如此辛酸，现在，终于踏上了回家的路。生前，身体已被囚禁，对于江南的美好，只能在梦境中、回忆里去品尝。现在终于解脱了，身死，对他来说也是一件幸运的事情，没有人再约束他的行动、言语，只是，没有他的日子，在乎他的人，心都碎了。在我的心中，他是属于寂寥的夜晚的，我知道，他是一个多情之人，舍不得他生命中的一切。只是，不要再经受苦难了，当他在痛苦中煎熬的时候，可曾知道，像我一样仰慕他的人，心中也如刀割般疼痛。

多少泪，沾袖复横颐。心事莫将和泪滴，凤笙休向月明吹，肠断更无疑。

——《忆江南》

每当读起《望江南》时，总是想到曾经看过的关于《望江南》的诠释。

相传，望江南是在江浙一带生长的植物，开着大黄色的花，异常耀眼，温暖湿润的土壤是它的最爱，但它却有一个致命的弱点——易折断。这是不是李煜的化身？

此时，我站在庭院中，看着槐树的叶子纷纷而落，据说，这槐树的年龄已经无从考究。我喜欢这个说法，心里幼稚地认为，靠近这棵树，就好像和李煜接近了许多，看着叶子辗转飘落，真真有着动人心魄的美。如此缠绵，我的世界一下子静了下来，嘈杂已经被我的耳朵自动删除，喧嚣也没有了，只剩下叶子飘零的声音。除此以外，我想，还一定包括从千年前传来的李煜内心呼喊的声音，因为我一直知道，他这个词人皇帝，存在我的心里，任凭悲喜，他都存在。

李煜并非像别人所说的那样没有一点儿做帝王的资质，至少，从他为了南唐百姓而受辱投降这件事来看，他有着身为帝王的"忘己身之痛而悲他人之伤"的心思，这着实令历史上的很多帝王汗颜。《望江南》是李煜投降后的作品，从这里，我才了解这些苦难的日子，李煜都在想些什么，先不在这里评说"多少恨"，单看一个"多少泪"，就可以知道，李煜的生活是怎样的，岂能是一个痛苦了得？

李煜的身上，奔涌着激昂的忧愤和哀怨，让人不知在哪一天，这满腔的忧愤和哀怨会破肤而出，所到之处定会寸草不生。

在被幽禁的日子里，没有人前来探望，其实，李煜心中明白，更多的人是不愿前来探望，有谁愿意和一个身份尴尬的降王扯上一点儿关系呢？

这段日子里，整日以泪洗面，绝不是虚言，这"泪"字，包含多少辛酸？而个中滋味，又岂是区区一个泪字能够诉说得完的。

流泪，是因为想起了往昔，而断肠，是为了如今的处境。现实就是这样，如果你没有过这样的遭遇，抑或是没有结交这样的人，一定不会理解这眼泪所包含的一切内容。

有的人对总是流泪，甚至看着就让人断肠的男子嗤之以鼻，认为身为男子，定是坚强的，有顶天立地的气概。如果你这样想，定是没有遇到过有着这似海般的怨恨和深情的男人，想来，这是何其不幸的事情啊。

有时候读着李煜的词，会忽然觉得，自己是一个十分幸运的人，虽没有遇到过这样的男子，却每时每刻都在读他的词作，每每读后，心中总会有种愤懑的感觉。真想对那些不懂李煜的人喊上一句："如果眼泪不能让你明白他的凄厉哀音，那么，我愿意和上我的一朝断肠，以此为弦，为你奏上一曲。"

心系故国，想念故国的一草一木，甚至是和其有关的所有人和事，人们因此嫌弃他忘记此时经历的苦难，仍在儿女情长中流连不前。这样说未免有失偏颇。李煜只是一个充满真挚感情的孩子啊，也许是稚子的心性使然，在国家灭亡之际，他想念宫娥，以及她们的红袖添香。为此，他留下了两行泪。

这样悲悯的感情是多么真挚，正像一个孩童，当他遇到了另一个啼哭不止、比他更弱小的孩子，会止住哭泣，用他仅有的玩具换一个笑脸。这种奉献，是不计任何回报的，也是毫不犹豫的，李煜就是这样，他可以给予别人的，绝不吝啬。

一想到这里，我竟然对李煜起了一丝埋怨，连他自己都只能融于泪水中无法自拔，还能为那些往日的宫娥做些什么呢？不要再去想些什么了。恨意随着一波波的泪水涌来，烟波浩渺的江南，就让它埋葬在李煜的梦中吧。

清冷的秋风里，身形颀长的男子默默伫立在庭院里，他的发髻被风吹散了，单薄的衣裳裹着同样单薄的身体在秋风中微颤，风乍起，落叶满天，他却浑然无觉。朦胧中，眼前的一切突然变得迷离了……

这就是我脑海中想象了无数次的李煜，此时，他一定在想，为什么昨夜又梦见江南了呢？那个逝去的故国，那个再也回不去的故乡，每次都在告诫自己要忘却，可是，为什么每次自己的心都不由自主地回望过去呢？梦里不知身是客，只是贪图那一时的欢愉，醒来却是别样滋味啊。

在李煜的记忆中，江南仿佛永远都是春风荡漾、暖意融融的春天，上苑的风景是那样怡人，草长莺飞的三月天，上苑里的兔子都比平常要多得多。车队浩浩荡荡地载着李煜，彪悍的武士头顶着红璎珞，骑着高头大马，每个人都精神抖擞，脸上尽是笑意。

　　与眼前中原的萧瑟秋景相比，那时的上苑，简直就是人间天堂。可人和景，都成了过眼烟云。如今的上苑，恐怕已经是荒草芜菁了吧？那样的日子竟然一去不复返了。故园犹似梦魂中，不堪回首啊！

　　中原的秋风的确冷峻，此时，李煜的眼睛已经有点儿湿润了，为了不让那恼人的泪水再一次流下来，他只好抬起了头，佯装望着夜空。异乡的秋天真冷啊，比江南的冬天还要冷。

　　如今的李煜，只剩这"尘满面，鬓如霜"，唯一能与他做伴的小周后也奉旨去了皇宫，回来定是一场哭闹。或许，李煜应该暖一壶酒，这是他现在唯一需要的东西了。

　　算来浮生一梦，偏偏情长命薄。罢了，罢了，什么都不要去想了，故国已经不堪回首，明月小楼，不妨一醉吧，也许只有醉乡有路。

　　酒对于阶下囚李煜来说，可是一个好东西。经历了天上人间的巨大落差后，哀痛男人，终日躲在小小的庭院中醉酒、发呆，有时也会唱些歌，这些歌，当然是曾经令他欢乐的歌曲，而如今，也只是一个巨大的讽刺罢了。

　　一次，赵匡胤宴请群臣，自然，李煜这个违命侯也列在其中，当酒意甚浓之际，别的人写诗作词，他也作了一首《咏扇》，其中，"揖让月在手，动摇风满怀"最是让他得意。虽然赵匡胤没有李煜那样出众的文采，但也佩服起李煜来："卿真乃一翰林学士也。"

　　相传，在此之后，每日供酒三石，为其消愁，吟诗作对。虽然赵匡胤亲手结束了李煜的皇帝生涯，让他直接成为阶下囚，但总的来说，赵匡胤终究是一个爱才之人，没有对李煜造成更多的伤害，但是，当赵光义即位后，他的和善大度慢慢变了味道。曾经对李煜许下的承诺都没有兑现，这让李煜心中对他产生的一点点好感和希望也随之破灭。

　　从那以后，李煜再一次过上了囚徒的生活。举手投足，都要小心谨慎，这是因为，自己的一切都在别人的监视下。此时，赵光义口惠而实不至，以及他的玩弄权术，李煜终于看明白了。

人总要有一个精神寄托。李煜重新又拿起了经书，希望能够控制心中那些剪不断理还乱的思绪。

每一个夜晚，是他最难熬的时候，白天还算好过，毕竟身边还有人陪伴，到了晚上，万籁俱寂，最是难熬。

往事如烟，真真一个不堪回首，可是，也总是在这个时候，所有前尘往事，都争着抢着浮上心头。

如若从最初就是一介凡夫俗子，也许李煜心中的落差就不会如此之大，现在的李煜，已经从掌握着生杀大权的皇帝变成了任人宰割的阶下囚。

刚刚坐上皇帝宝座的时候，李煜兴起之下，带着诸多随从，进行了一次狩猎。那时当真是"车如流水马如龙"，所到之处，在马蹄的践踏下，无不卷起道道尘土。那是何等威风的事情。

古木参天，曲径通幽。李煜瞄准一头野鹿，野鹿应弦而倒。李煜的周围响起一片喝彩声。不知怎的，李煜偶然间瞥见野鹿哀怨的眼神，当时，身边的随从前来祝贺，一时间，倒让李煜忘记了这眼神。

这个时候，想起了此事，李煜竟然有种感觉，现在的他和当年的那头野鹿一样，都是别人砧板上待宰的肉。

所有美好的回忆，只能去梦境中寻找。现实的繁华，不是他敢看的，先前的往事，不是他敢想的，而动听的音乐，李煜甚至有种想要把耳朵捂上的冲动。

李煜希望从此以后，世界是沉静的，可是，现实总是不让他如意。李煜所居住的庭院周围，是那些新贵的住所，熟悉的管弦乐声和人声鼎沸都让李煜心神不宁，怎么能不想到往昔呢？

越是不愿去想，脑海中越是能浮现出往日的欢乐场景。一直以来，江南都是十分兴旺繁华的，尤其是夜晚的江南，更让人流连忘返。可如今，江南和李煜,只能天各一方,如果,江南也是有感情的话,一定也会怀念李煜这个为它的丰富多彩添上一笔的人。

孤独寂寞的人难免会有些怀旧情结,李煜也是这样。他最常做的事情,就是把往日的作品拿出来翻阅,李煜感觉恍如隔世,甚至有了疑问,这样快乐的文字,真是出自自己之手吗?

每每读过自己的旧作,李煜的心情总是需要很久才能平静下来,渐渐地,他不再去读,反而对出自庾信之手的《哀江南赋》感兴趣。以前,总对其中所表现出来的凄婉和孤苦不甚理解,总觉得,这些让人看起来就顿觉悲伤的情绪离自己很远,虽然着实同情他的遭遇,但并非是自己喜欢的风格。

讽刺的是,如今,自己已然成了阶下囚,亲身体会到了在屈辱中度过每一天的凄苦滋味。人常说,日有所思夜有所梦,在梦中,李煜忘却了现实的凄苦,而变得无比舒适,不再是阶下囚,而是自由自在地飞翔,时而在蓝天上扶摇直上,时而又回到了繁华的江南。

李煜为自己的梦境也编织好了情节。文武群臣和宫娥后妃们都因为他的归来而奔走相告,个个喜笑颜开。

久别重逢的场面自不用言说,在梦中见到的人儿,还是那些熟悉的面孔,最爱的大周后,不再是病重憔悴的模样,和小周后手拉着手,如若往昔。

那些大臣也是如此,热泪盈眶,喜笑颜开,纷纷向他诉说离别之苦。阵阵的欢笑,一直传向远方,李煜陶醉在这美妙的梦境中,轻松自在。

美梦总会有醒来的时候,一旦从梦境中惊醒,这美妙的梦境,也就成了颇为讽刺的苦涩。每当从梦境中醒来,李煜总是会痛哭一场,梦中所见的人和熟悉的江南,扰得他时刻不得安宁,越发思念起故国来。

这梦境,是镜中月,是水中花,李煜心中十分清楚,可就是在这清楚的基础上,却是对梦境的万分不舍。每每想到这是虚幻的一场,李煜便觉得心如刀割。

"提老幼,关河累年。死生契阔,不可问天。况复零落将尽,灵光岿然!

日穷于纪，岁将复始。逼迫危虑，端忧暮齿。"这是庾信关于身世的感叹，李煜再一次想到了这首《哀江南赋》，想到了自己也曾有过甘愿作为"渔父"的愿望。

恰巧此时，李煜的违命侯府竟然真的来了一个渔人。

"国主还记得微臣吗？"环顾四周后，此人低声问道。

李煜苦笑了一声："自我得了个'违命侯'的称号，府中已甚少有人前来，确实想不起来在哪里与你见过面。"

"我乃郑文宝，家父郑彦华，与国主一同降宋，现居京师。现装作渔人，特此前来觐见。"

"难得你的一片至诚。来京师后，尔以何为生？"

"贩鬻于京师江南之间，得知江南士庶颇怀念国主，才冒险来告知。"

这个消息让李煜惊喜至极，本以为祖孙三代的江山葬送在自己之手，江南的百姓定会恨他、骂他，可谁知竟然有人怀念他。

在江南百姓的心中，李煜虽不善治国，但却是一位仁慈的君主。有些地方为李煜立了生祠，这真是人心不泯。

听到这个消息，李煜心中深感安慰，自己的良苦用心，并没有白费，江南的百姓是懂他的。这个时候，李煜觉得，阶下囚的日子并没有那么难熬，心里备感温暖。

郑文宝在离开之前，劝解他："不必因贫贱而戚戚不安，也不必因为失国而耿耿于怀，芥千金而不汚，屣万乘其如脱，唯有如此，才能无忧无虑，忘却烦恼。国主熟读经卷，自然明白个中真谛。"

这番话让李煜眼前一亮，随后感叹，多久了，身边没有一个人能够向他说这番情真意切的话了。

自此以后，每当又陷入凄苦的心境中无法自拔的时候，李煜总会想起这番话来。似乎，只要在心中默默地念着这番话，整个人就充满了力气，来对抗这无边无际的囚徒生活。

往事已成空，还如一梦中

人生愁恨何能免，销魂独我情何限！故国梦重归，觉来双泪垂。高楼谁与上？长记秋晴望。往事已成空，还如一梦中。

——《子夜歌》

一次又一次地读到《子夜歌》的时候，总是首先会注意到"子夜歌"这三个字。

李煜选择《子夜歌》这一词牌名，也许是想要取"子夜"这二字吧。这两个字，给人的感觉是无尽的寒冷。用"子夜"这个意境来诉说内心无限的悲痛、孤寂、没落和思念。诉说悲壮的思念情怀，隐隐作痛但又刻骨铭心，数不尽的缠绵哀怨充斥其中。

子夜、他乡、冰寒彻骨、形单影只，怏怏独坐在一盏孤灯前面，魂牵梦绕的，是故乡。恍惚间，千里莺啼绿映红的江南就在眼前，山川如画，美人如玉，真真一个车如流水马如龙，江南的繁华景致令人兴致高昂。身形一晃，美景顿然消失，眼前仍旧是一盏孤灯，而李煜自己，也仍然是违命侯，被囚禁于苦寒北地。

李煜被封为"违命侯"，进入了他人生中的最低潮，但是，他的词却开始步入人生的最高潮。这段时间里，李煜一改往日的风格，已经脱去了花间派的气息，"日夕只以眼泪洗面"。在这样的软禁生涯中，李煜用他的血和泪成就了一首首流传千古的绝唱，使"亡国之君"成为了千古词坛的"南面王"。这正是"国家不幸词家幸，话到沧桑语始工"。

在我眼中的《子夜歌》全都是李煜清澈内心和感情世界的揭露，情真意切，不做作，不虚伪。因为字字皆是内心的自然流露，因此，喜、怒、哀、乐都让人感动。

写这首词的时候，江南的缠绵迤逦，温暖如春，风花雪月以及那奢华的宫殿都已经随风而去。阶下苦囚是他的新身份，随着身份的转变，江南成为了遥远的旧梦，心中的伤口，时时刻刻都在提醒着他，往事如烟。北方刺骨的寒风，不仅侵袭了他的身体，更让他的心头涌上万般的滋味。

思念已然成了李煜生活中必不可少的一种习惯，也是一种追求。对他来说，这是对内心情感的一种安慰。思念，尤其是一个人独处的时候，静静地追寻往昔，重回江南，金碧辉煌的宫殿，以及宫殿内时而笑容满面、时而因离歌而哭泣的宫娥。每每想到这里，我想，李煜应该也是泪眼婆娑，虽说"男儿有泪不轻弹"，可也只因未到伤心处，无限江山，却离别容易相见难。

罢了，一切都成为了属于昨日的旧梦，这旧梦，何其遥远，让人无法碰触，也异常悲切。过去生活的片段，随着时间的流逝，成为了思念中不断涌动的鱼儿。

暗淡昏黄的灯光下，往昔总是让人异常伤痛，这伤痛的根源，我想是过去美好的生活。

此时此刻，李煜是多么怀念江南啊，怀念它的一草一木，甚至是江南女儿独有的说话腔调，回忆起来，也显得如此之销魂。

往昔就像一朵朵凋零的花，花瓣飘落，总是能够让李煜心痛。人们常说，美好的东西易逝，如此脆弱的美丽，短暂，虽心生不忍，但总归要逝去。等到时间流逝，蓦然回首，美好的江南，以及所有属于它的事物，还在那灯火阑珊处言笑晏晏。黯然销魂，却也十分伤痛。

旧梦难舍，虽然江南早已走远，让自己整日地浸泡在泪水中，痛在他心，而伤的，却是每一位挚爱李煜词作的读者心。

孤独，对于李煜来说，如影随形，虽然身边也有人，小周后也伴随其左右，但是，内心的孤独与伤感是旁人无法体验的。很久以前，看过一句话，叫作：孤独，是一个人的狂欢，而狂欢，则是一群人的孤独。我觉得，感情细腻多情的人，内心往往是空旷的，想找一个合适的空间置放感情，往往这时才发现，这感情，已经随着时间的流逝摇摇欲坠，甚至慢慢熄灭。

夜晚，枯坐灯下，望着不断跳动的灯火，李煜在想些什么？这微弱的灯火，不正像往日已经摇摇欲坠的南唐社稷吗？

读李煜的词作，我的心，总会像有一股水流涌过，冰凉，哀伤。这哀伤来得迅速，快得连我自己都不知道哀从何来。我想，也许这就是李煜词作的强大感染力吧。此时，我的心中总是泛起一阵一阵的疼痛。绵延而悠长，这感觉，就像是自己的心已经被利器切割开，抑或是被生生地撕裂。此刻，我无能为力，只能忍耐，默默的，除此之外，无其他路可寻。

虽然心疼，但还是愿意读李煜的词句，甚过喜欢他的诗作。总是觉得，在长短不一的句读中，李煜的真情实感都能够被我感受到，拥有了一位跨越千年的知己，快哉！

乱世，总是让人有种如泣如诉的感觉。李煜充满感情的词语，正如用心唱出的歌声，虽然掺杂着生命的叹息，但却无法掩饰其中的深情。

往昔，需要一段漫长的时间来遗忘，在这个过程中，心中的荒草一刻不停地生长，而心，也因此变得麻木而荒凉。

为何李煜的词作总是让人感动？我想，这源于他对过去总是怀有深情，即使过去已经凋零，为何他还在燃烧着自己的感情？只因心中横七竖八地躺着眷恋吗？我想，还有一丝悔恨吧。往昔的回忆越是美好，现在的生活越显得痛苦。

记忆中的江南,就像一位舞姿婆娑的少女,也许,曾经属于自己,可此时,已经嫁为他人妇。

  此心如泪。
  如何让心在泪水中保持完整?
  我心深情。
  怎样能够坦然地接受你赐予我的伤痛?
  心疼,为你。
  祭奠我们早夭的爱情,
  为我们永远不能牵的手,默哀。

  这是很久以前,我看到的一首情诗,我想,诗人诉说的哀怨的感情,和李煜的情感是相同的。虽然因情生思念,虽然每一句话都轻描淡写,但是,任是谁都知道,其中充满了多么浓郁的感情。这浓郁的感情虽让人憔悴,但却心甘如饴。

  "梦遍罗衾夜未央,秦淮一碧照兴亡。落花流水春归去,一种销魂是李郎。"这是冯煦在《论后主绝词》中对这首《子夜歌》的评价。这句话,真真说到我的心里去了,让我体会到了一种属于李煜的别样的销魂。

  世人每每提到李煜,总会为之扼腕惋惜,曾经的国主,竟然也会被人玩弄于股掌间,沦为阶下囚。因为李煜,我第一次知道了牵机毒。

  据说,牵机毒也称牵机药,李煜就是中了此毒身亡。毒发时,全身性抽搐,最后头部与足部相接而死,可谓死状惨烈。千古词帝,居然是以这个方式告别了人世,当真让人心痛。

  "人生愁恨何能免,消魂独我情何限。"虽然人生都会有愁与恨,为何,李煜会把家愁国恨集于一身呢?赵匡胤还在的时候,尚顾念几分情义,虽然话语中有诸多讽刺，也只是动动嘴皮子。赵光义坐上了天子的宝座，小周后受尽了凌辱，动辄以陪太后的名义到宫中常住，每次回到家中，皆是痛哭流涕。李煜，这个文弱的书生，又能有什么办法？总是无奈地避开，独自一人来到他处，是登高望远，看看故国的方向，聊以自慰，可是，悲伤往往无以复加。

江山早已失去，爱人也无法保住，这是多么大的凌辱。因此，只能在梦境中重归故国，但欢愉却只是一时。无可奈何兮，当了几年国主，在旁人的眼中，是何等幸运的事。生在帝王家，从小就享尽了荣华富贵，可是，世人眼中的幸运，却成为他人生的不幸，生生惹下了一世愁恨。

世间的快事哪一个比得上做梦呢？梦中，真是一个好地方，红墙绿瓦，凤冠霞帔，好似世间美好的事物，通通汇集在了此地。可是，人们都知道，这梦境，也不过只是水中月，镜中花，除了平添伤痛，让痛苦的回忆在脑海中不断上演之外，别无他用。

后期的李煜，经历了人生的大伤痛，这其间的所有词作，都是用泪水写成的。而梦里重归国土，以及梦醒后的悲哀，句句都凝聚着李煜的心血。

心中悲痛得无以复加，只能长歌当哭，句句皆是真情实感的自然流露。脱口而出，不假思索，当真一个句句写实，情真意切的千古绝唱。

被俘后，李煜已经深刻体会到了命运赋予他的不幸。但是，他有一点始终弄不明白，这悲惨的命运，是上天的捉弄，还是自酿苦酒？

李煜的词中，从不掺杂对命运的控诉抑或是埋怨，只是痛苦地呻吟。他的这种痛苦，让我感同身受，从内心里怜惜这个命运多舛的词人皇帝。

描写心态的变化是李煜所擅长的，这不仅仅包括瞬间的思绪，还有其固定的流程。痛定思痛后以梦境寻求解脱，梦醒时分，痛上心头，重思往昔，又入苦海。

李煜后期的词作已经完全摆脱了花间词派惯用的无病呻吟，也并非欲言又止，将心事遮遮掩掩的怨妇，而是把国破家亡的哀叹和沦为俘虏的满腔愁恨全都以痛不欲生的形式表现了出来。

的确,令人心醉的往昔已经一去不复返,只留下反复无常的多舛命运。此时的每一首词作,都让人百读不厌。

纵观古代词人,抒情高手比比皆是,李清照就是这样一位词人。

李清照以清澈婉丽为抒情宗旨,在表露情感的轻重缓急上,李清照显得更有耐心,而李煜情感的表达则更为急切。

李煜,以及李清照,善于把内心丰富的情感变化成为可以触摸的感官感受。在词的历史上,李煜是第一位开拓出深广高远意境的词人。他的"春花秋月何时了""恰似一江春水向东流""离恨恰如春草,更行更远还生"等等,都是以春花、秋月以及春水、春草等具体的事物来向人们诉说他的愁绪。

诚然,在此之后,也有很多词人继承并发展了这一特征,但都没有超越李煜。

在这一点上,李清照却在她的词作上注入了一股新鲜的血液。虽然把李煜和李清照作了一番并不严格的对比,二者创作的深厚功底却是无法抹杀的。我在这里想说的是,对于愁绪的描写,毋庸置疑的,李煜的作品堪称经典,他用他的一生,为人们诠释了什么叫作"以血书者"。

往事只堪哀，对景难排

每当提到李煜的时候，似乎总会忘记他曾经尊贵的帝王身份，而只是把他当成了一个拥有着孤寂背影和凄苦身世的千古词帝。今天，拿起手中的书，又一次读了他的《浪淘沙》，再一次被深深感染。

读这首词的每一句，总会对李煜，这个落难的南唐后主有更深一层的认识。我想，生在和平年代的我，是无法体会他那悲惨的遭遇的，但是，虽然见识浅薄，我总是自认为自己和李煜是知己。

虽然有着千年不可跨越的距离，心中却仍是热切地盼望着，盼望着能跨越千年，与他进行畅快淋漓的思想对接。

总是想，读李煜的词，是要安排些情境的。可能是一个人在静谧的旷野中独行，也可能是在皎洁而清丽的月色中徘徊，背着手，抬起头，数着天幕上闪耀着微光的星，任冷风吹起了衣角而不去整理，只因心中惆怅难平。

往事只堪哀，对景难排。秋风庭院藓侵阶。一任珠帘闲不卷，终日谁来。金锁已沉埋，壮气蒿莱。晚凉天净月华开。想得玉楼瑶殿影，空照秦淮。

——《浪淘沙》

往日的喧嚣与荣华就让它随着冷风吹散在空中吧，不要再让我本来惆怅的心头再加些波澜。因为这难平的离愁别绪，已经让我无暇去考虑其他。即便有着冲天的壮气，或者是令人心醉的温柔，抑或是每日必做的功课——痛苦，让这些恼人的思绪都随风去了吧，只因这离愁别绪如影随身，欲说还休。

想起往事就只觉悲哀，但是，却又不得不去想，想着这些往事又能够怎样呢？李煜在《菩萨蛮》中曾说"往事已成空"。的确，从这里看，这成空的往事必定是些美好的回忆。而如今，颇为讽刺，睁开眼所看到的一切，都残酷地告诉李煜，往事已矣，这现实，怎能不让人有着强烈的落差？

失落并不可怕，自从成为阶下囚，李煜似乎已经习惯了生活中充满失落，但是，这失落，比不上孤独。

人是群居动物，需要与人沟通，这简单的生存需要对李煜来说，反倒成了最痛苦的事情。

小小的庭院，长满了青苔，无人去打扫。室内，同庭院中一样，处处显示出一派萧瑟的景象，珠帘不卷，不是无人，而是无心。室内室外荒凉至极，这和在江南的往昔生活形成了鲜明的对比。

既然在哪里都是此番景象，莫不如就老实地待在室内，用回忆来消磨时光。可想而知，长期这样幽闭在屋内，内心强烈的孤独感怎么会排解出来。

宋人王铚在《默记》中曾记载，李煜位于开封的住处，一直有一老卒守门，赵光义下旨，"不得与外人接"。

李煜过着囚徒般的生活，这和往日的热闹生活场景不同，使人备感凄凉。不论是生活场所的萧瑟，还是没有一个可以说话的人，都让李煜不能忍受。

人性很奇怪，身居帝位时，李煜行事完全按照自己的喜好，绝不会因为朝中大臣的建议而改变初衷，当然，想必他也不会愿意听那些逆耳忠言。我想，那时的李煜一定不会对任何一位朝中大臣的拜访感兴趣，更不愿意他的享乐生活被打扰到。可是，现在，没人敢来，自然，也不会有人对一个降王感兴趣。

李煜一定经常在心中呐喊："我过去的那些臣子啊，为什么都那么狠心，就让我一个人忍受孤独与寂寞？"这是因为"一任珠帘闲不卷"这句透露出来的信息。明知珠帘闲而不卷，这不是无所谓，而是在用行动来谴责那些熟视无睹的人们。失望，我想，这也许是李煜最初的感受，接着，失望带来的是希望，进而盼望，盼望不成，最终落得个绝望的结局。每每看到这里，我总能体会到李煜当时心中矛盾，但又无可奈何的复杂情绪。

江山社稷，已经被埋葬，豪情壮志只属于当年，现在，这一切已经荡然无存，如今，都浸没在茂盛的蒿草之中了。

绝望，让李煜静下心来沉思故国。虽然变得冷静，但他没有忘记抒发他失国之悔和亡国之恨。此时，对于故国，李煜仍旧回首，但内容已经不再是往日那"车如流水马如龙"的繁华景象，而是把一切都掩埋在尘土下。刘禹锡曾为此总结说："金陵王气黯然收。"

这是出自一个旁观者眼中的南唐，他都可以看出其中的黯然，可想而知，李煜的切身感受是什么，只能觉得更加凄凉。

此时能做些什么呢？抬头望月是一个不错的选择，在这样的夜晚沉思，定会有不同的收获。

月色常见，遗憾的是，可以共看"天净月华开"的人儿已不同。往事已成空，在这大好的秋光下，一切繁华旖旎也成了过眼烟云，无可奈何下，哀痛更甚于往日。

想要看一眼故国，是万万不可能的，所以，只能在心中构建出一片虚幻的情景——秦淮河上的"玉楼瑶殿"。痛苦异常，也许心中的哀愁会被这眼泪冲淡一些。

虽然此时只是单纯地想故国中熟悉的景致，但有谁知道，这"想"饱含了李煜多少悔恨、怅惘、眷恋与绝望。为想象的幻境痛哭一场，这让我不禁为他掬一把心酸的眼泪。

李煜满腔的思念情怀溢于言表，显得既切肤切齿，又至幻至空。此时的身份与处境，已经容不得李煜有什么好的心情了，只能在无边的空幻当中寄予他满腔的无奈与凄凉。这当真应了《虞美人》中的那句——雕阑玉砌应犹在，只是朱颜改。自然，随着李煜的投降被俘，当年的玉楼瑶殿一定会因为缺少了往日的热闹而备感寂寞荒凉吧。

　　这首《浪淘沙》虽没有任何激越的文字，但从每一字每一句当中，都能深切地体会到李煜心中的沉痛哀伤。

　　在读过了《虞美人》和这首《浪淘沙》后，我觉得，这两首词表达了李煜同一种情绪，当然，不论是哪一首，都有着极强的震撼力和感染力。

　　李煜从一代国主变成了阶下囚，不平凡的遭遇，让李煜整个人都发生了转变，在此之前，李煜总是对权力不感兴趣，而此时，他倒怀念起权力来了。这种落差使得很多千古绝唱应运而生，自然，其中前后的落差是我等凡夫俗子所无法承受的。

　　自古以来，词作要想流芳百世，词作者必须是一位至情至性之人，自然，词中一定要有着词人浓郁的个人感情。

　　李煜就是这样一个至情至性的人，陆游在《南唐书》中记载："后主天资纯孝，事元宗尽子道，居丧哀毁，杖而后起。"由于守丧期间，悲伤过度，李煜的身体状况急转直下，到了不扶着拐杖就不能站起的程度，这足以看出他至真至孝的一面。对一个皇帝来说，这种浓郁的感情也许对他并不有利，但是对于一个文学创作者来说，却是十分可贵的。

　　《南唐书》中记载："宪司章疏，有绳纠过讦者，皆寝不下。论决死刑，多从末减，有司固争，乃得少正，犹垂泣而后许之。"对臣僚所犯过失无原则袒护，弹劾奏章竟然扣住不发。对犯罪的臣民也怀有恻隐之心，判了死刑的也要再减下几个来，这些虽然显示出了他仁慈的一面，却也暴露了他行事极不严谨的一面。

　　"殂问至江南，父老有巷哭者。"这是《南唐书》中所记载的，李煜被害死在汴梁不久以后，他的死讯传到了金陵，当时，竟然有百姓在街巷中为他哭泣，这实属不易。

客观地说，李煜的悲剧结局是个历史错误。然而历史就是历史，无论是谁都改变不了，虽然如此，但我还是忍不住想问：如果李煜不是皇帝，如果李煜没遇到赵匡胤和赵光义，如果他的最后几年不是阶下囚，如果……那又会是怎样的一番情景呢？

这个问题我无法做出回答，但他至少不会有现在这样高的艺术成就。从这一点上讲，正是历史的无情把他推上了艺术的巅峰，成就了词中之帝。

在中国古典诗词创作中，月亮，一直是情感和信念的象征，形单影只的月亮，在黑夜中，孤独地悬挂于夜空中，显得很清高。

另一方面，月亮又是明亮的，皎洁月光，更是有种动人心魄的魅力。"人有悲欢离合，月有阴晴圆缺"，在李煜的词作中，不同时期，月亮被他赋予了不同的含义。

亡国后，李煜是一个集多愁善感和忧苦哀怨于一体的人，从一代国君到阶下囚，李煜因其自身的悲惨遭遇而深感不幸。因此，在他后期的词作中，很多都是借助月亮来抒发他对故国的思，当然也包括对过去时光的缅怀。

此时的思念和亡国前的思念大不相同，无论是人还是月亮都已披上了一层浓浓的哀愁。

"子规啼月小楼西"，这是《临江仙》中的词句，杜鹃啼血般的悲苦与月亮连在一起，衬出了人在悲苦心境中的凄凉。

"最是仓皇辞庙日，教坊犹奏别离歌，垂泪对宫娥"。至此，李煜不仅对月长思，寄情于美好的过往，更为自己"日夕只以眼泪洗面"而感到伤心。

而这种感情写得最为真切的则是《虞美人》这首千古绝唱——"春花秋月何时了，往事知多少。小楼昨夜又东风，故国不堪回首月明中！"

悲伤已到极致，令人不忍卒读。国难家仇让李煜"不堪回首"，悲愁犹如一江春水，滔滔向东流。对故国家境的描写，更衬托出他被囚禁的痛楚，真所谓"花月正春风"却教人"肠断更无疑""往事只堪哀"。

宁静的月色，有种神秘的肃穆，更有着超凡脱俗的情致。如果我也有着相同的境遇，在清冷的月光下，一定会发出"欲说还休，却道天凉好个秋"的感叹。

无论是深闺中的游乐月，还是男女幽会的暗月，抑或是寄托了词人离情别绪的相思之月，或者是抒发了亡国之痛的悲苦月，种种月色，皆是李煜寄心魂之处，赋灵性之处，这才使月亮有了情，有了声。也同样因为这个原因，李煜词中的月亮，才让人读出了艺术的美感。

李煜作为一个难忘往事、难排悲哀的阶下囚，他的脑海中念念不忘的，只是过去自己的切身体验。月光的永恒，可以衬托人间所有繁华，正是因为这种"空照秦淮"的慨叹，才能走进人心的最深处，而李煜的这首《浪淘沙》也因此具有了生生不息的感染力。

最终，感动苍生，却始终感动不了自己。

梦里不知身是客,一晌贪欢

帘外雨潺潺,春意阑珊。罗衾不耐五更寒。梦里不知身是客,一晌贪欢。独自莫凭栏,无限江山,别时容易见时难。流水落花春去也,天上人间。

——《浪淘沙》

李煜的词作,虽然首首堪称经典,每每读到这首《浪淘沙》之际,心中总会有许多怅惘。当一个人,对故国的思念,只能存在于梦中,而往往流连于梦境的虚幻,竟然忘记了自己的身份。独自一人之际,凭栏远望,竟也成为了一种奢求,这种感觉,是梦中的片刻欢愉,最后,也只是一晌贪欢。这是什么感觉?想必那些远离国土,或是心中有所思念的人都会理解。

这首词,是李煜后期词作中的一首,同样是抒发对故国的思念,也流露了他的失国之痛。

梦醒后,听到窗外雨潺潺,熟悉的思绪再一次袭来,映照的,只是李煜的满腔孤寂。此时是暮春时节,寒冷的风,虽然大多由触感而生,但我觉得,哪一种寒都比不过李煜心中如冰般的寒。长夜漫漫无心睡眠,即使进入了梦乡,也没有片刻的清净,想要享受这一时的欢愉,甚至有种想要把它变成一世的快乐的冲动。但任谁都知道,那只是奢望。

梦境，在李煜后期的生活中占据了主要的地位。"不知"，只能在梦中不知，梦醒以后，"不知"则颇有些讽刺意味，在不能成立的"不知"下，只是知得更深、更痛而已。而"贪欢"，竟然也只是短短的时间，这欢愉，是偷来的，说不尽的哀愁，诉不完的无奈和悲哀，让人感同身受。

李煜投降后，被关在了小小的空间里，身体虽然受拘束，可是精神却是旁人无法拘束的。

囚徒生活并不好过，虽然身份依然在内心中接受，可是，平日里，哪还有心情吟诗作乐，恐怕，感慨和无限的忧愤则是他每日思考的内容。

凭栏远眺，难道是想看看外面多彩的世界，回味一下昔日的荣华富贵吗？李煜没有那样肤浅，帝王生涯，虽然尊贵，能过着寻常百姓想都不敢想的日子，可是，李煜并不贪恋，只当它是代表着往日的美好，如此而已。那"凭栏"，只能是远望故国的无限关山，一朝成为臣虏，思念故国成为了奢望，即使凭栏远眺，带给自己的，也只是更多的思念与悔恨。如果这样，还不如不见，想见而不得见，只能徒生悲伤，触景生情，也许说的就是这种情形。

当悲伤到一定的境界，也许人就会有所顿悟，"独自莫凭栏"，如此痛彻心扉的感悟，掺杂着多少相互应和的血泪。

在城破投降时，李煜被俘押往了开封，离开了家乡金陵，分别，总是容易的，但想要相见，却不是那么容易。人生，就是这样充满了无奈。

"凭栏"是为了重睹故国的风采，可是，无限关山的阻拦，使这种真挚的思念之情变得遥不可及，想见而不得见，只是徒生无奈。

更加讽刺的是，这无限的江山，也不再是南唐昨日的国土，而是今日北宋的领地，江山易主，国土沦丧，这对一代国主来说，没有比这件事更让他痛苦的了。每每想到这里，更是增加了心中的悲苦，不是不想凭栏远眺，而是不能。要知道，避免因思念故国而勾起无限的悲苦，是采取的一种强制行为，这种行为的发起人是李煜自己，这怎会不让他的内心更加痛苦？

人都说，"别时容易见时难"，这是一个多么鲜明的对比啊，"别"是永别，而"见"也是永世不得相见。

一易一难，两相对比下，李煜的思念之情，带着多少悔恨和哀怨！

春日，马上就要离去，正如水自长流、花自飘零一般正常，李煜人生的春天也已经结束。一代国主，如今沦为俘虏，这样的遭遇，真就像一个天上，一个人间般距离遥远，人生的境遇，真真一个不可同日而语。白居易在《长恨歌》中有云："但教心似金钿坚，天上人间会相见。"天上，人间，来日无多，这也许就是李煜最后的归宿吧。

天上，人间，从此到彼，遭遇了翻天覆地的命运转折。经历过如此特殊的身份变化后，李煜，这个本来拥有着真挚感情的人，这份情感犹如岩浆般迸发出来。也因为如此，像《浪淘沙》这般感天动地的词作才能流芳百世。

意境深远，格调悲壮，这首词已然突破了"花间词派"的风格。正如王国维所评价的那样——眼界始大，感慨遂深。

自从降宋后，李煜"此中日夕，只以眼泪洗面"，就像一只被囚禁在笼子里的金丝鸟，虽然也住在豪华的宅邸，但却没有任何人身自由。

居住在小楼里，外面是深院高墙，戒备森严，岂是像李煜这样文弱的人所能逃脱得了的？

下雨的夜晚，是李煜最难熬的时刻，窗外细雨潺潺，他深感春意阑珊。这心境本就凄凉，夜雨也来凑热闹。从内而外的冰冷，是任何罗衾也无法温暖的。五更时分，彻骨的寒冷，更让人禁不住瑟瑟发抖。

长夜里，春雨淅淅沥沥地下，又一个不眠之夜，梦中的世界是完美的，好似回到了故国，在神游之际，竟然再一次体会到了往日的欢愉。

这首《浪淘沙》，真可谓一字一泪，一声一泣，让人感慨而回味不尽。

"流水尽矣，花落尽矣，春归去矣，而人亦将亡矣，将四种之语，合并一处作结，肝肠断绝，遗恨千古。"这是唐圭璋在《唐宋词简释》中的评价。当人的生命将要结束，对于个人的尊严还如此重视，那么，活下去，俨然没有什么必要了。反观之，我觉得，正是因为这个原因，对生与死的矛盾处理，虽然李煜是一个不折不扣的绝望者，但这正透出了他内心深处的一丝希望。

当一个人越是对死亡充满了恐惧，那么，他越对人生有着更加清醒的认识。对于人世，李煜有着很多的留恋，可是，现实对于李煜，是异常残酷的，俘虏的生活，让人无法忍受，而昔日犹如天堂般的国主生活也依然远去，因此，正如前面所说，人生归宿即是死。

李煜的词作，总是和着他的血泪，让人读了，不免与之有着共同的感情，痛失国土，作为一代国主，这是多么悲哀的一件事。虽然千百年来，世人给他的是"亡国之君"的称呼，但他在词作中表达的对痛失故国的悔恨和远离家园的哀愁又是如此深切动人，读来令人感叹不已。

问君能有几多愁，恰似一江春水向东流

> 春花秋月何时了？往事知多少。小楼昨夜又东风，故国不堪回首月明中。雕栏玉砌应犹在，只是朱颜改。问君能有几多愁？恰似一江春水向东流。
>
> ——《虞美人》

在二十世纪八十年代初，有一部电影名为《佩剑将军》，其中的一首插曲的歌词，是李煜的这首《虞美人》。我也曾看过这部电影，从那时开始，这首曲子的旋律，以及哀怨婉转的歌词就一直围绕在我的生活中。那时，许是因为年纪尚小，也没有对李煜其人有一个充分了解，因此，虽然总是在心中默默吟唱，也只是感觉出词中散发出的淡淡哀愁。这哀愁，就像一缕清风，也如十五冷清的月光，挥之不去，也涂抹不掉，仿佛已经与我的生命紧紧地融为了一个整体，任是谁也不能把我们分离开来，这已经算得上是一种跨越千百年的灵魂的契合。

李煜的这首《虞美人》被人称作是他的绝命词。法国作家缪塞曾说："最美的诗歌是最绝望的诗歌，有些不朽的篇章是最纯粹的眼泪。"我想，用这句话来评价这首《虞美人》再合适不过。这首词抒发的是一个亡国之君宣泄不完的哀怨、思念、悔恨，仿佛只有在文学的世界中，李煜才能尽情地抒发他的真情实感。平日里，他是一位懦弱、做事畏首畏尾的君主，人生，对他来说，早已经

没有了希望，仅仅一句"恰是一江春水向东流"，也许是他对自己人生的总结吧。李煜生命即将终结的那一刻，他一定向佛祖许下了心愿：如有来世，不再生于帝王家，只做个普通人，能自由地作诗写赋就好。

命运对李煜来说，是异常残酷的，被囚禁于异国他乡，这是何等凄惨的遭遇。往事、故国、春花、秋月，皆长逝不返，似乎，词中开头的两两相对，皆是要诠释人生一个不变的真理——所有美好的事物都不会长留于身边。诉说的种种悲哀，也只不过想要感叹一句。李煜自问，遭遇了国破家亡，沦为俘虏，自己能有多少悲哀呢？真可谓余音袅袅、哀怨不绝，如泣如诉，让人不忍卒读。

作为一个南方小国的决策者，李煜不是一个称职的皇帝。用现在的话说，李煜是一位"富三代"，不可否认的是，李煜曾经享受过醉生梦死的生活，而在政事上则有些不思进取，整日在写词作赋中流连，时而玩玩乐器，时而排练歌舞。南唐灭亡，是个必然，命中注定，李煜的一生是悲剧。在这里，我们是否可以设想一下，如果，李煜有着做一位称职皇帝的想法，放弃诗词歌赋，只爱江山，不爱文学，那么，他会活得很开心吗？答案是，李煜是一位具有真性情的人，如果让他拥有了至高无上的地位与权力，却丢掉了宝贵的精神食粮，这是他万万不愿去做的。

即使不愿意放弃文学这片广阔的天地，李煜也没有忘记故国。这首《虞美人》便是他心心念念的所在。在被命运捉弄的同时，也把故国、往事、朱颜，都牢牢记在心中，这和蜀后主刘禅的"此间乐，不思蜀"有着天与地的差别。

李煜，本不应该坐上南唐后主的宝座，上有兄弟，旁有叔叔，无论从哪一方面，李煜都不是最佳人选。他本来也不愿趟这浑水，在江南美好的山水景致中无限徜徉，是多么优游的事情啊，即使不能做一个如此惬意的游人，在深宫中归隐，整日填词作曲，吟诗作画，也甚是快意。然而，阴差阳错下，南唐后主的光环强加其身，换作是谁，就算不是无奈，更多的也是躲避吧。

被俘之前，李煜的生活虽然称不上完全快乐，但真正的悲哀，是在投降之后,此时,他体会到了痛心疾首为何物。被囚于小楼之中,头顶着"降王"的称号,只能在词作中回忆往日的江南,抚摸着雕栏玉砌,想象着自己正在浏览故国的大好河山。

回忆是美好的,而现实却是残忍的,这份残忍,让李煜变得热衷于幻想。李煜在心中安慰自己,往昔的美好还在,只是被上天安置在了遥远的地方。

后悔,每每想到这个词,李煜就会苦笑,如若当初知道后悔的苦果,那么,那些机会就不会生生地被自己错过了。

曾经,他坚信"佛祖割肉喂鹰"为真事,因此,派弟弟从善亲自北上进贡,而自己,也大兴寺庙,以为自己如果能割尽身上的肉,那么,佛祖就会显灵,予以救赎。可现实是残酷的,李煜终于知道,自己的做法多么可笑,无异于在与虎谋皮。

江南,这片富庶之地,自古以来就从未在充满硝烟的战争中夺胜过。江南,这片土地,从没有称霸过,它就像一位婉转的水乡女子,既不冲锋陷阵,也不血流成河,历史赋予它的责任,只是安抚那些受伤的灵魂。

失败,是李煜早已想到,而又不愿去面对的事情。如果他有着哥哥弘冀那样的冷酷,一定会跨马作战,即使战死沙场,也一定不会沦落到如今这个地步。如果……可是,人生中没有那么多如果,也不会按照某一个人的计划来进行,他,李煜,绝不会成为哥哥弘冀那样冷酷的人,也断不会变成如赵匡胤般雄心勃勃的人。他只是李煜,多愁善感,命运多舛的李煜。

政治是残酷的,有人说,政治是艺术的天敌,的确,感性、注重内心情感的人是不适合做统治者的。不过,如若李煜归隐于山林,一定会是一位潇洒畅快的谪仙。

"虞美人"这个词牌名来源于项羽和虞姬的爱情悲剧。四面楚歌之时,项羽悲壮地歌唱:"力拔山兮气盖世,时不利兮骓不逝,骓不逝兮可奈何?虞兮虞兮奈若何!"

此时，虞姬和之："汉军已略地，四面楚歌声。大王意气尽，贱妾何聊生。"唱完，虞姬举剑自刎，血染之地，生长出一种鲜艳的花，此花被称为"虞美人"，这就是"虞美人"词牌的来历。听来，颇有些悲壮之意。

李煜和项羽，皆为末路王侯，《虞美人》为李煜的绝命词，而《垓下歌》则为项羽的绝命词。

项羽，一个不折不扣的英雄，有着万夫莫开之勇，但偏偏有勇无谋。败兵垓下，已不是偶然，末路英雄的豪言壮语，成就了悲壮的《垓下歌》。而李煜，一介柔弱文人，在七夕生辰之际，只是慨叹心中的"几多愁"，就因此而丧命。正像他词中所说的那样，愁思，如春水般不舍昼夜，无穷无尽，这如江水般的愁思，代表了李煜。这个纯情的词人，让世人为之倾倒，千古佳句，也应该如此。

他的人生，终究不过是一场春花秋月。

后　记

人生不过是一场春花秋月，江山如梦，忘却那千古兴亡事。千古一帝，染了多少悲愁。

"问君能有几多愁，恰似一江春水向东流。"一首首千古绝唱在瞬息间让纤纤的文字流淌。"无言独上西楼，月如钩。寂寞梧桐深院锁清秋。"一曲曲隽永的词歌呼之欲出，和着悠扬的旋律在琼楼间飘荡、徘徊，徘徊、飘荡……醉梦今生。

他念，秋风庭院，荫花楼阁，罗幕玉钩，韶光易逝，几多愁。

他叹，春花秋月，雕栏玉砌，车水马龙，人生何其美好，只是太匆匆。

李煜，千古的传奇，南唐，是他永恒的梦境。

在这样美好的夜里能捧起后主词来翻阅是一种幸福，也是写作本书最美的回忆。